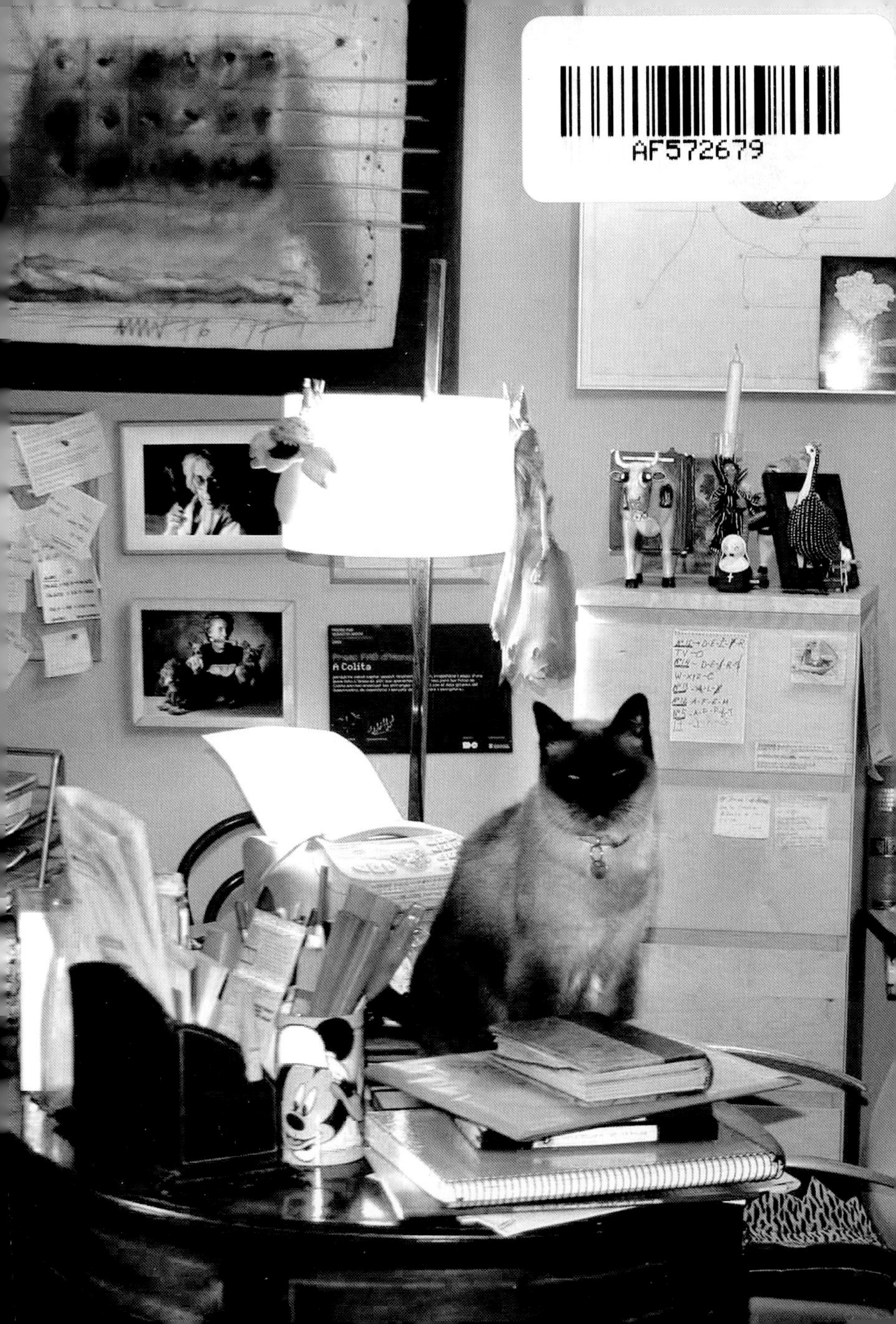
A Colita

Biblioteca PHotoBolsillo

Colita

PHotoBolsillo LA FABRICA EDITORIAL

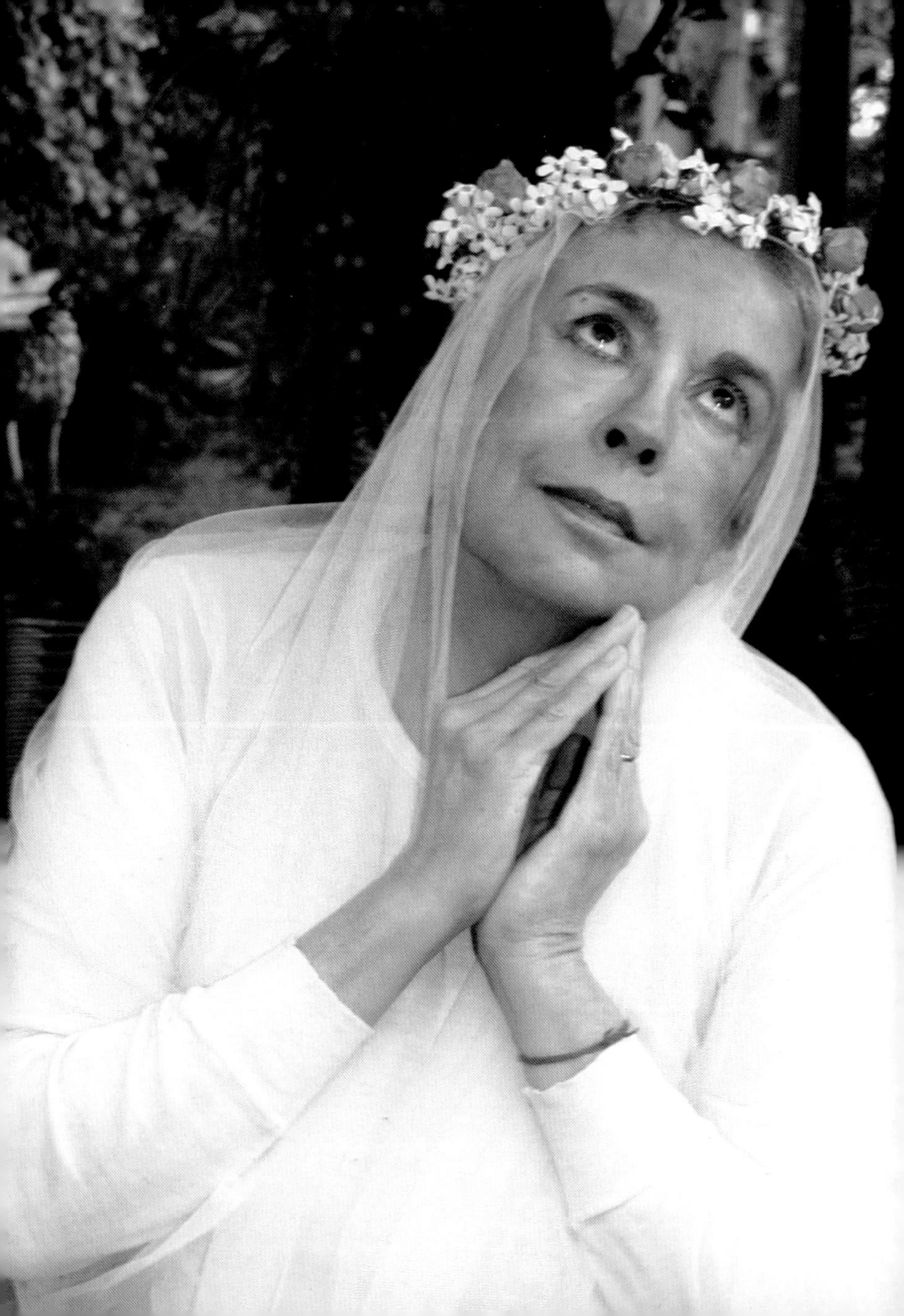

Colita

¡Yo no soy un espejo!

Por Laura Terré

Colita travestida en devota de Santa Iluminata.
Fotografía de Gemma Buenaventura

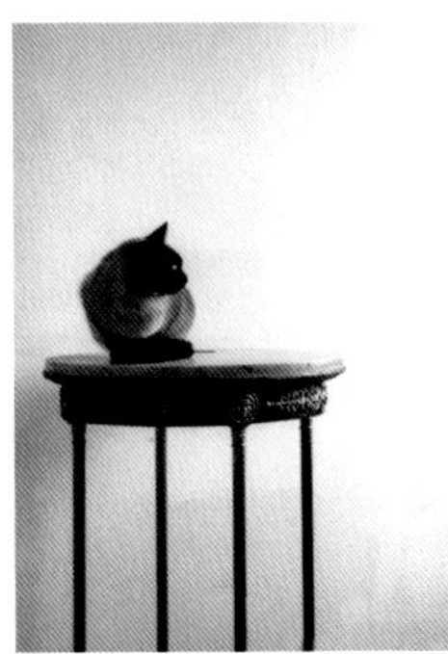

Gato siamés en mesa, 2002

Colita se ha trasladado a vivir al barrio de Sants. Recorro las calles con mi coche y voy retrasándome en el intento de poder aparcar. Pienso que esta nueva ubicación le va de perlas porque, a pesar de su carácter cosmopolita y de su discurso siempre transgresor, Colita es una mujer de pueblo. Con ella todo puede parecer demasiado simple. Y en realidad lo es. Pero la facilidad y la sencillez no deberán ocultar su profundidad y su rigor, por mucho que nos haga reír. Su obra es extensa en todos los sentidos, abarcando casi 50 años de historia y todos los géneros practicables mediante la fotografía entendida como cultura. Una obra sin manifiesto, libre de gurús, de métodos y de maestros, tenaz conquista de una autora sin religión. «Los agnósticos –dice– no tenemos más remedio que construirnos una moral y, como es penoso y duro, entonces, por fuerza somos mucho más estrictos.» Porque, a pesar de la ligereza de maneras, del lenguaje sin trastienda, el criterio de Colita está siempre al acecho para denunciar cualquier mala interpretación que se pueda hacer de su trabajo. Quizá lo que más le podría repugnar sería la apropiación indebida de sus imágenes para la satisfacción de intereses privados o banderas del color que sea. Es una constante defensora de la libertad de sus fotografías –no sólo de los derechos de autor, de los que ha sido un rompehielos en nuestro país–. Valedora que no tiene piedad y saca los dientes de tigre, como ella dice, frente a la estupidez y la injusticia, tiene sin embargo como motor un gran corazón que es capaz de reconocer todo lo bueno en los seres humanos, sin hacer jamás diferencia entre clases, roles, cargos ni sexos. Y más allá aún, su solidaridad con la vida la hace capaz de encontrar el alma en los ojos de los animales –perros, gatos y toros– y, en un aprendizaje humilde, interpretar la grandeza de su libertad –irracional– de sentidos y de goce de vivir, ajenos a los prejuicios humanos, al poder y a las ideologías. La obra de Colita es una *Oda a la amistad,* desde el punto de vista más íntimo y confidencial, al más gamberro y liberador. Su lenguaje llano es inteligencia pura y en sus fotos no encontramos otro rasgo de estilo que ligue su producción que el humor fresco y espontáneo. Destaca su virtuosismo en el humor, un instrumento que usa para conjurar la empatía. Sus modelos entran inmediatamente en el juego y esa sensación es la que se trasmitirá eternamente, sin caducidad posible, a los observadores de sus retratos por los siglos de los siglos. Porque, de la misma manera que los guías de museos advierten cómo la mirada de un buen retrato nos sigue si cambiamos de posición en la sala, las fotografías de Colita tienen la particularidad extraordinaria de hacernos reír sea cual sea el tema, la situación o el personaje retratado. A través de su obra nos sigue siempre su humor y en cualquiera de sus fotos se puede comprobar la verdad de la máxima que ella siempre utiliza como análisis de su hacer fotográfico: «Si yo lo único que he hecho es lo que me ha dado la gana para pasármelo bien. La suerte que he tenido es que me lo han permitido y aún encima me he ganado la vida».

Su casa es una de esas antiguas del barrio, pero reformada la fachada con detalles de diseño muy actuales, entre los que destaca uno pequeño y simple que marca la diferencia y resume lo que acabo de decir: Colita no hace un gesto sin humor. Al lado de la puerta, una placa de hierro esmaltado, como de esas antiguas que indicaban la entrada de los aseos públicos o la puerta de servicio, anuncia de forma lacónica: Colita, fotografía. Ella me espera frente a su ordenador. Se había tomado la cita en serio, pues preparó sus textos (su currículum y escritos) y los imprimió, los grapó por separado y pegó su *copyright*. Sólo uno se le resiste, y bromea acerca de las maquinitas, de la obligación de estar al día en todo eso, de lo mal que se le da a ella. El espacio de su despacho no está desordenado, y deja ver detalles de gusto femenino, aunque no convencional. Hay unas cuantas fotografías del álbum familiar enmarcadas por las paredes, sobretodo de amigos. También hay muchos cuadros pequeños, con dedicatorias. Uno es de Miró. En un momento de la conversación subraya lo interesada que está en la pintura y la cantidad de amigos pintores que tiene. Sin embargo no soporta que se confundan las cosas: la fotografía tiene que seguir siendo fotografía.

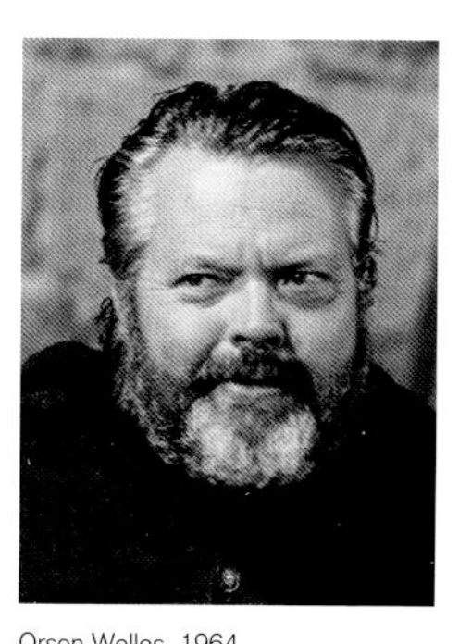
Orson Welles, 1964

«¿Por dónde empezamos?» «Por el final», digo yo. «Pues... que sepas que estoy casi jubilada. No hago más fotos que a mis perros y a mis gatos. Pero me he metido donde no me llaman. Trato de recopilar todas aquellas mujeres fotógrafas nacidas hasta 1940: las pioneras de la fotografía. Alguien podría pensar que no ha habido apenas mujeres fotógrafas mirando las historias de la fotografía, pero yo estoy demostrando con mi trabajo que lo que sucede es que nadie se ha parado a buscarlas.» Llama la atención la posición crítica, y sin embargo equidistante, de su selección de autoras: ni es el *todo vale porque eres mujer*, ni tampoco el *sólo te escojo a ti que te pareces a mí*. El tesoro de su investigación consiste en el profundo análisis que se ha impuesto, sin filtro ni censura. Ella, que es una humilde mujer de hierro, se sorprende cuando le digo que la importancia de su legado no consistirá en las horas empleadas como rata de biblioteca, sino en el rastro de juicio que su mirada va dejando, revelando genio y personalidad, en las respuestas a las inquietantes preguntas que le plantean los trabajos fotográficos –ya sean de moda, reportaje, arte o vida doméstica– producidos por las seiscientas pioneras de la fotografía universal que lleva reunidas hasta el momento. Echa mano de una agenda alfabética repleta de *post-it* y recortes encolados. Paso rápidamente las páginas y veo que ya no queda casi espacio por rellenar. Es su *thesaurus*, su base de datos de los más de quinientos libros que ha reunido de mujeres fotógrafas.

También me enseña sus memorias –artesanales– de infancia y juventud cuya cita preliminar es una frase de la escritora y feminista americana Erica Jong: *La memoria nos convierte en seres humanos.* Y así es: para ella el registro notarial de la fotografía consiste en demostrar la constante humana en nuestros actos y nuestro entorno. La fotografía es y será siempre un fenómeno cultural que nos ayuda a crear comunidad en la memoria y no simplemente el registro fotoquímico de una máquina. «¡Yo no soy un espejo!», afirma rotundamente con el fin de aclarar su intención expresiva y discursiva ante aquellos que piensan que la fotografía documental es algo menos que el arte por el simple hecho de ser objetiva. Más allá del reflejo cambiante de un espejismo para la prensa, Colita ha construido memoria con la intención de depositar preguntas en el futuro, con la intención de homenajear la vida y el carácter de sus contemporáneos –sus amigos– y evitar el olvido, no de sus nombres –que serían siempre guardados por escrito en el papel amarillento y muerto de las crónicas o en los rectángulos enlutados de las necrológicas– sino la imagen viva de sus mejores momentos a través del brillo de las miradas cómplices y de la amplitud de la sonrisa.

Noto que le aburre tener que hacer una genealogía de su vocación fotográfica. La historia oficial dice que empezó a fotografiar cuando conoció al fotógrafo Oriol Maspons en 1958, pero en su íntima biografía descubre que siempre ha sido fotógrafa. «Ahí estaban, en realidad, mis *primeras* fotos: papá, mamá, la abuela, Felipe-hermano, la tía Emilia... y mi perrita Christie», sus primeras fotos, hechas por pura intuición usando una cámara de bakelita de su padre que «más que una cámara parecía una radio».

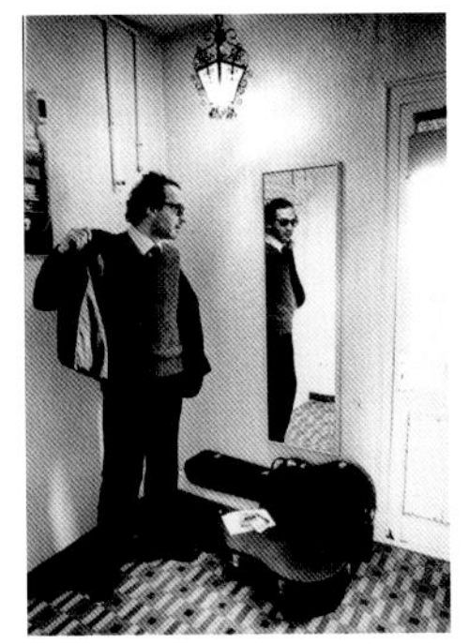
Jaume Sisa, 1982

Aquella niña bien que había nacido en pleno corazón del Ensanche barcelonés, un 24 de Agosto de 1940, estudió

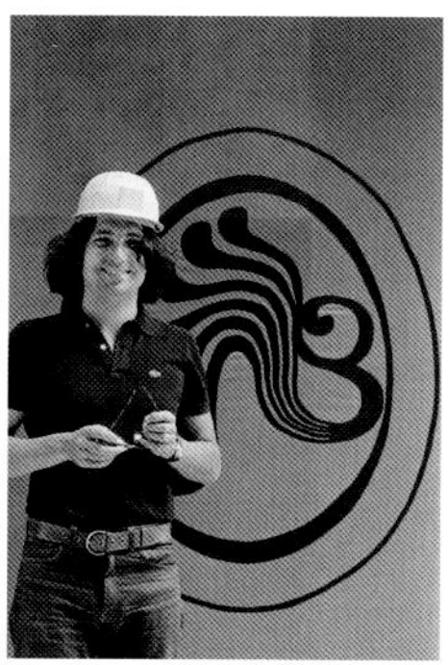

Sin título

en un colegio de monjas. «Gracias a la ejemplar educación recibida, soy hoy una agnóstica convencida y feliz.» Colita atravesó los 13 años de colegio con una única nota de buena conducta. Sobrevivía a la disciplina de «cuartel, versión fino y pijo», gracias a su buen humor y a las risas. «Tuve una infancia feliz.» Su padre, ingeniero de profesión en el Ayuntamiento de Barcelona, era un catalán ilustrado y de talante liberal que «detestaba a Franco por ideología y por estética». Su madre, canaria de La Laguna, le contagiaba su alegría cantando coplas de Concha Piquer. Tenía un único hermano, Felipe, que abandonó el destino que le había preparado su padre en la ingeniería para hacerse crupier. También Colita tendría que haber estudiado farmacia, pero al acabar el bachillerato –«de letras, por supuesto»– decidió ingresar en una escuela de secretariado que para la mayoría de las alumnas se trataba tan «solo de una estación de paso, siendo el matrimonio su destino natural». Como ella no tenía previsto casarse, su padre la puso a trabajar con él de secretaria una vez acabó los estudios. «Un desastre. Empezaron a estar razonablemente hartos de mí.» Y les convenció para ir a estudiar francés a París, en donde pasó un curso entero en la Sorbona con la excusa de madurar su futuro. Pero al cabo de un año volvió a estar en Barcelona, inquieta e insatisfecha, sintiendo que «todos, absolutamente todos, consideraban que la fotografía era una soberana tontería, y que no servía para nada». Aún así, Colita se hizo retratista de sus amigas casaderas. Hoy se pregunta cómo es que sus amigas, tan pijas, no le habían encargado su retrato a Ramón Batlles, o a Gallart, y le habían confiado a ella su imagen... La razón es que había algo de bohemia y de existencialismo en los retratos de Colita, en los escenarios que escogía, que aquellas niñas bien no podrían encontrar jamás en un fotógrafo profesional de la burguesía barcelonesa. Y es que aquella chica, a la que las fotos siempre le salían bien, estaba aprendiendo mucho al lado de Oriol Maspons y Julio Ubiña en sus sesiones de fotos, y en las veladas nocturnas en el restaurante Ca La Mariona, junto a Catalá-Roca, Xavier Miserachs, Paco Rebés y Beatriz de Moura: «un islote de libertad en la España sucia, deprimente y gris de los años 60». Colita, aún siendo más joven, encajaba perfectamente en aquella «pandilla que malvivía gozosamente de la cultura y de profesiones insólitas como la fotografía. Se hablaba de política, de sexo, de literatura, de jazz, de Londres, de París, de esperanza y de libertad».

En ese momento cae en la cuenta de que la cámara podía servirle de profesión y hasta qué punto su cerebro ha-

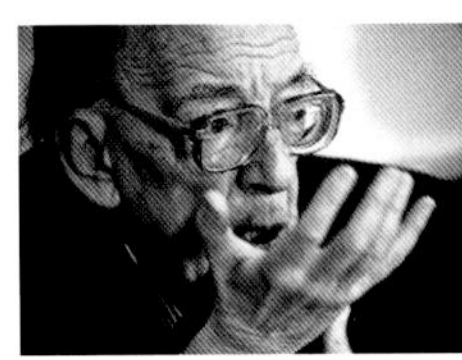

Aranguren, 1993

bía estado a dieta hasta entonces: «Supe por qué detestaba a los curas, a las monjas y sus infumables cuentos chinos. Supe por qué me repelía Franco, con su cruel y sórdido poder sobre nuestras vidas». A aquella gente no le parecía que la fotografía fuera una locura. «Fue un curso acelerado. El más provechoso de mi vida. Y es que si en algo he sido espabilada, ha sido en saber elegir a mis amigos.»

Colita, que ya poseía una cámara de verdad –una Pentax de segunda mano con objetivo 50 mm– entró como secretaria de Xavier Miserachs, que acababa de instalar su estudio en la casa David de la calle Tuset. Miserachs recuerda en uno de sus libros cómo Colita, en poco tiempo, acumuló la experiencia necesaria para convertirse en profesional. «Estuvo de secretaria-estilista-chica para todo, igual reclutaba y vestía a modelos que echaba una mano en el laboratorio, un día hacía facturas y al siguiente conseguía entrar en el estudio la vaca viva que precisábamos para un anuncio, en mi ausencia atendía de maravilla a los clientes... y montaba por la noche juergas flamencas en el plató.» Allí aprendió las técnicas del laboratorio de la mano del chico que hacía de ayudante, Serafín. Gozaba forzando el revelado de los negativos para obtener un fuerte grano. «Pura chapuza», dice ella ahora. Un día se despidió. «Me quedé de piedra –explica Miserachs– el día en que me anunció que dejaba el trabajo, que se veía capaz de proseguir como fotógrafo por sí misma. "Me voy porque ya no te admiro" dijo. Y me pareció que era una fórmula de despido digna de figurar en una antología.» Colita, sin embargo, no recuerda esas palabras de despedida. «Me fui por la misma razón que se me han largado todos mis ayudantes, uno tras otro, durante más de 30 años. Porque una vez han aprendido, como los polluelos, dejan el nido y se buscan la vida. El estudio de Xavier me apretaba ya como una faja y tenía ganas de hacer mis propias fotos, con mejor o peor suerte.»

Y le comunicó a su padre que ya tenía claro su futuro en la fotografía. A pesar del disgusto, su padre le dejó habilitar un lavadero que había en la azotea de la casa, «con la secreta excusa de que acabaría aburrida y bajaría al calor del hogar, pidiendo de rodillas una carrera universitaria». El tendedero de la finca apareció lleno de copias fotográficas entre la colada de los vecinos. Parecía que aquel capricho de la niña iba en serio. «Aquellas navidades, en vez de pedirle a los reyes un conjunto de Kashmir de Gonzalo Comella, les pedí una esmaltadora y un 135 mm para mi Pentax. Entonces comprendieron que, definitivamente, habían perdido la batalla.» Colita era feliz, en aquellos tiempos difíciles de los que no reniega. «Tiempos creativos, divertidos, tiempos de jolgorio y empatía, de despendole y de imaginación, de glamour, de sensualidad insensata y de alegría de vivir y vivir en alegría.»

Era una chica con suerte, no en vano había nacido de pie. Su amigo Paco Rebés –«Paco el encantador de serpientes, Paco el hipnotizador, Paco el mago, el truhán, el mercader de sueños. El campeón de los cerdos encontrando trufas... un auténtico experto para detectar todo aquello que se salía de lo común»– tenía el encargo de buscar localizaciones y el casting para la película de Rovira-Beleta *Los Tarantos,* un especie de musical flamenco rodado con gitanos de verdad. Colita acompañaba a Paco Rebés para localizar a los figurantes, fotografiando los ambientes y los personajes que iba encontrado a su paso. Allí descubrió el flamenco, «pero no en un escenario perfumado –tal como explica Permanyer–, sino en su salsa: primero en el barraquismo derramado por Montjuïc y acto seguido en el Somorrostro. Así fue como ella se percató de que aquel era su mundo, no en balde ya en aquellos tiempos era, lo que se dice, muy flamenca».

Colita no fue la encargada de la foto fija de la película, puesto que ya había un profesional contratado. Pero sus fotos entre los decorados y en la intimidad de los descansos, con la confianza de la amistad que se había establecido entre los gitanos y la fotógrafa, gustaban más que las que hacía el fotógrafo oficial. «Mi primera clienta fue Carmen Amaya. Todavía no sé la razón por la que me compraba: si le daba pena, o es que en realidad le interesaban los retratos que le llevaba. De esa manera, foto a foto, fui reuniendo el libro *Luces y sombras del flamenco*, para Lumen.» El trabajo fotográfico en torno al flamenco ha sido una constante en su carrera y todavía continúa, aunque con la certeza de que no volverá a encontrar en otro flamenco «la gracia, la pasión, el talento y el éxtasis» que le había mostrado Carmen Amaya.

El flamenco la trasladaría a Madrid, donde se instaló dos años para llevar a cabo las fotografías de promoción de Antonio Gades y La Chunga. Pero pronto se cansó de la *capital.* «Difícilmente un barcelonés se adapta a una ciudad sin mar. Yo lo intenté y el fracaso fue total, afortunadamente. Si no estoy en el trozo de mundo que me pertenece, que es mío, tengo síndrome de abstinencia. Por lo tanto, no quiero consentir sacrificios en el altar de la fama o del dinero.» Con lo que regresó a Barcelona y recuperó a sus amigos y su ambiente. Empezó a trabajar para la revista *Fotogramas* y

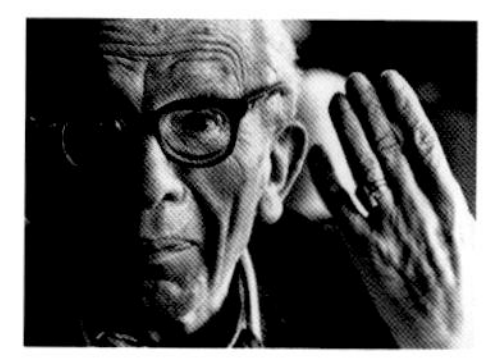

Max Aub, 1972

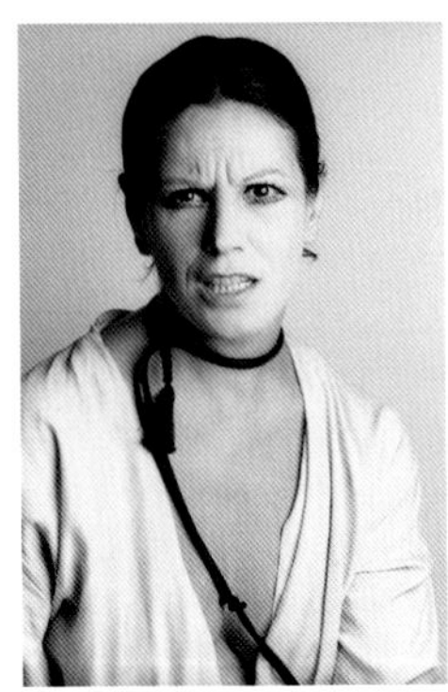
Terele Pávez, 1976

trabó amistad con los directores de la Escuela de Barcelona –Sinto Esteva, Vicente Aranda, Jaime Camino, etc.– para los que llevó a cabo la foto fija de sus películas. Su vida profesional empezó a cuajar en torno a lo que ella llama «la cosa frívola». El siguiente paso sería crear las portadas de los discos de la discográfica Edigsa, que entonces lanzaba el producto de *La Nova Cançó*. Colita no sólo es la fotógrafa de Serrat, La Trinca, Guillermina Mota, Núria Feliu, etc, sino que además lleva a cabo un estilismo para convertirlos en estrellas y *sex symbol*.

Con la galería de retratos de amigos que había reunido –poetas, modelos, fotógrafos, pintores, arquitectos, músicos, actores y actrices, editores y escritores– montó una exposición en la sala Aixelà: *La Gauche Divine*. «La exposición era como un inventario. Era sacarse la máscara: aquí estamos. Entre otros retratos de gente sospechosa y de izquierdosos, había tres buscados por la policía: Pere Ignasi Fages, Sinto Esteva y Pere Portabella. Fue la exposición que menos duró de mi vida. La inauguramos y al día siguiente la cerró la policía. No sé qué se pensaban los policías que iban a encontrar en aquella sala... Sólo había glamour y cachondeo. Nada de la izquierda de Lenin ni Marx. Pero por muy zoquetes que fueran, sabían que *gauche* quería decir izquierda, y eso bastaba.» El aire que retrataba Colita nada tenía que ver con el antifranquismo al uso de melena y mirada siniestra, sacrificados a la clandestinidad ceñida por las estrictas normas del partido y la observación de una moral casi religiosa. Los amigos de Colita en Barcelona luchaban desde su propia biografía liberando las costumbres desde el vestido hasta la vida sexual, con un ansia voraz de cultura. El cuartel general de esa *Gauche Divine* se estableció en la discoteca Bocaccio.¿Quién iba a sospechar que entre gogós y whiskys se estuviera cociendo el encierro en Montserrat? Si tenía valor esa alegría es porque se fundamentaba en una alta calidad del trabajo profesional que llevaban a cabo cada uno de ellos. Se encontraban por azar en cenas e inauguraciones e intercambiaban puntos de vista desde las diferentes disciplinas en las que trabajaban. Ninguno era ajeno a la preocupación del otro. «Éramos gente joven, guapa, con energía, con sentido del humor y –después se ha demostrado– con talento. Cada uno trabajaba a conciencia en lo suyo, con un gran afán de aprender. La cultura nos interesaba. La cultura era sexy.»

Eran los últimos años del franquismo y Colita estaba en la plenitud creativa y profesional y comprometida políticamente en el feminismo. Tocaba todos los géneros, incluido el trabajo para la prensa diaria –*Tele-eXpres*, *Mundo diario*...– y la mayoría de las revistas, de *Destino* a *Interviú*, pasando por *Cuadernos para el diálogo*. «Trabajar para la prensa diaria para mí era una manera de estar en el meollo de las noticias, en la época candente de la transición.» El trabajo para *Interviú* fue muy estimulante en sus primeros tiempos. Se trataba de un periodismo de investigación en el que la fotografía tenía mucho que decir. El redactor y el fotógrafo trabajaban de la mano, y la imagen y el texto tenían la misma importancia. Se publicaron grandes reportajes de los mejores fotógrafos del país. Después del caso Vinader, hubo un cambio en la dirección de la revista forzado por la empresa. En su lugar colocaron a directores más dóciles que propiciaron un estilo de reportaje duro en apariencia pero en el fondo amarillista. «Finalmente dejé *Interviú* porque estaba harta de retratar únicamente travestis y putas en la Rambla. Perdí el interés.» Si en esta antología no está más representada su faceta reportera, en la que siempre ha sido sintética, acertada y valiente, no ha sido por falta de insistencia. Pero mi intención de presentar una Colita versátil y capaz en todos los géneros de la imagen chocó frontalmente con su claridad de ideas: «Demasiado documental» o «No dice nada» o «Aburridísimo». O simplemente: «No soy yo». Ella quiere verse en todas sus fotografías. «El hecho de escoger el momento que quedará fijado, es un acto total de autoridad.»

Su idea fue siempre vivir de la fotografía. «Claro que los clientes te atenazan, te condicionan, te obligan a trabajar en los límites de la vulgaridad. Pero yo nunca tuve madera de heroína. Veo las fotos de Cristina García Rodero. Ella era capaz de ir de aquí para allá en trenes cotrosos, durmiendo en los autobuses para llegar a esos lugares de Dios y hacer sus fotos. Durante muchos años fue ignorada pero, al cabo, el tiempo le ha dado la razón. Yo habría sido incapaz de tanta renuncia por la fotografía. Yo quiero vivir bien, sin lujos, pero bien. Desgraciadamente, hay pocos clientes que te ofrezcan un reto creativo. A veces el reto es nulo. Por ejemplo, he tenido que enfrentarme varias veces al Área Metropolitana de Barcelona. Para empezar tenía que plantearme qué era aquello y dónde me encontraba. Tenía que construir la identidad de un lugar totalmente gris y falto de atractivo. Eso para un fotógrafo es un reto. Cuando tienes el *tema* (eso que llamamos fotogenia) es fácil salir adelante. Pero cuando se te impone algo que no te "pone", tienes que empezar por entenderlo, por penetrarlo...»

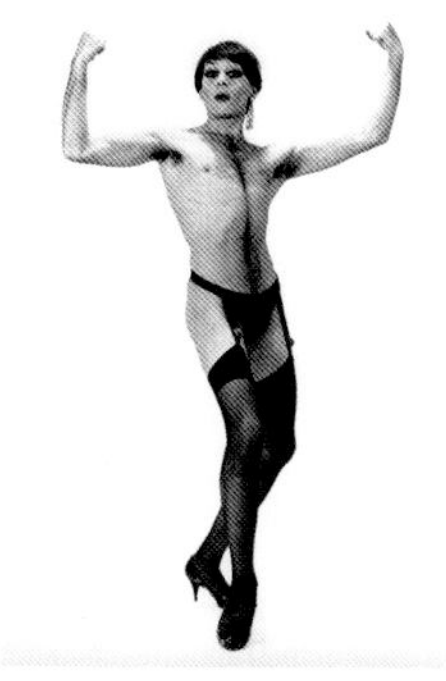

Ángel Pavlovsky, 1979

Colita me va enseñando uno a uno los libros que tiene publicados. Empieza por *Una tumba* (Lumen, 1971), su primer

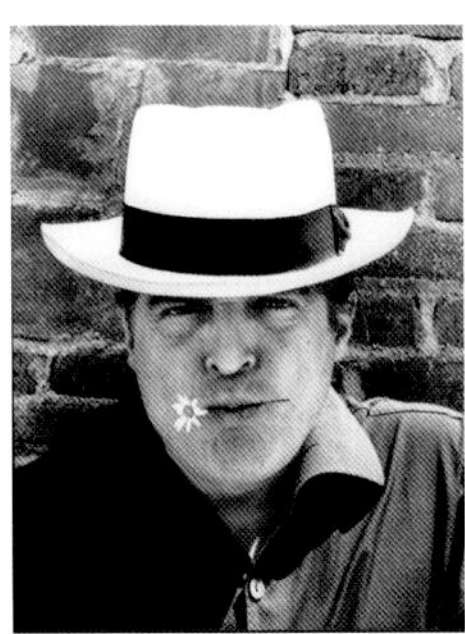

Manuel Viola, 1964

trabajo de edición, y *Los cementerios de Barcelona* (Edhasa, 1981), hecho en colaboración con Pilar Aymerich. El texto de Carme Riera en este último comienza diciendo que el tabú de la muerte sustituye en occidente al tabú del sexo, y las fotografías más que catalogar o inventariar los cementerios de Barcelona, buscan motivos irónicos en el encuentro de la vida y la muerte. Colita muestra una faceta nueva en estas fotos melancólicas, crepusculares. Se admira del amor al arte que había en estos trabajos de principiante, de que hicieran las cosas por afición, porque sí. Después la cosa cambiaría y la principal reivindicación de Colita sería ponerle precio a sus fotografías para poder vivir de su trabajo, luchando por los proyectos profesionales, aunque los temas que más le interesaban no se llegaran a producir... «Siempre me hubiera gustado que me encargaran un libro sobre la devoción mariana en España. Sería feliz. Es un tema que tiene muchísimo morbo: la virginidad, la maternidad, la divinidad femenina... Un tema que si me descuido va a desaparecer en pocos años. Pero, ¿cómo me metería yo en semejante proyecto? ¿Dejar de ingresar dinero durante dos años para producirlo, gastando en transportes, residencia, material? ¿Quién financiaría un trabajo así en España, cubriendo todos los gastos? Ese tipo de cliente desgraciadamente aquí no existe. Los encargos son más convencionales. Los editores quieren mostrar la parte *postalera* de la realidad que contenta al espectador.»

La vocación profesional de Colita fue el vínculo que le unió a la generación de Afal, porque ella por edad bien podía haber escogido ser de los de *Nueva Lente*. «Los de *Nueva Lente* se divertían a costa de los demás. Nosotros encontrábamos la diversión en nuestro propio trabajo. Yo colaboré con ellos en un par de ocasiones. Una vez me pidieron mis fotografías de la *Gauche Divine*, que yo les envié (por lo general entonces nunca nos negábamos a nada, unos colaborábamos con los otros, con toda naturalidad...) Después cuando vi lo que habían publicado me cabreé muchísimo: habían puesto mis fotografías pegadas por las paredes y el suelo de un cuarto de baño, en la bañera y el bidé, y habían hecho las fotos. Yo no podía creer lo que estaba viendo cuando recibí la revista. Les llamé enseguida ¿Pero estáis locos? ¿Qué habéis hecho con mis fotos? Y ellos dijeron que las habían publicado a su gusto, con mi permiso... Una falta de respeto.»

Entre los trabajos profesionales que más le gustan de su carrera está *Els Barcelonins* (Edicions 62, 1988), un libro donde sus fotografías se publican junto a las de Miserachs y Maspons. Es difícil distinguir qué imagen es de cada cual.

El reparto del territorio es lo que le aclara a Colita cuáles son sus fotografías. El culto a Barcelona llega a su punto álgido con *Barcelona. Quinze dies d'euforia* (Àmbit, 1992), también en colaboración con sus amigos, que representa la unión, la fraternidad, la alegría y el optimismo provocados por la catarsis colectiva de las olimpiadas de 1992. Mujeres estupendas, animales de compañía, amigos del ganchete por la Rambla, el ir y venir de los deportistas, el semblante cosmopolita, mezclado, de la muchedumbre en las gradas de los estadios, en los paseos... Al hojear el libro se emociona en varias páginas. Y coincide con las palabras de Permanyer: «No se volverá a repetir».

Para acabar, me muestra cuatro porfolios de anillas. Dice: «Y con esto ya te enseño la bragas. Ya no queda más que enseñar. Esta es mi vida». Empieza a pasar páginas y son todos retratos de su estudio, también alguna foto en la que aparece ella con amigos. Los personajes son variados, algunos de ellos retratados en distintas fases de su vida: Terenci Moix con melenas y ojeras, cara de existencialista total, Terenci después con una peluca de implante y barriguita... Modelos de los años 70, guapas y delgadas, políticos de todo color, actores famosos y menos famosos, antes y después del *lifting*... Un retrato de cerca de Orson Welles. «Sí, hija, sí, en mi currículum lo pone: Orson Welles me dedicó diez minutos de su vida en exclusiva. Tengo diez minutos de Welles, diez de Vargas Llosa, diez de Jerry Lewis, media hora de García Márquez, otro tanto de Miró...»

Acabamos la conversación visitando la parte baja de la casa. Sus perros (que la han rondado todo el día, pues está fumigando el jardín y no los deja salir) saltan contra sus piernas y ella protesta enérgicamente. Nos asomamos al jardín trasero de la casa: una higuera, un pozo, una mesa con mantel de hule, las generosas macetas con plantas de hoja grande, un espacio que sólo pediría una raya azul en el horizonte para gritar con fuerza: Mediterráneo. Una mujer joven, fuerte como una valquiria, teñida de rojo oscuro, nos prepara un café. Es Gemma Buenaventura, su ayudante, que momentos antes rebuscaba un negativo entre las cajas bien ordenadas del archivo. Trae en una bandeja dos tazas y le indica a Colita la suya, con leche. «Qué cosas», dice Colita. «Son tus manías», dice Gemma, «para que no protestes». «Ni yo misma me conozco», me dice casi al oído.

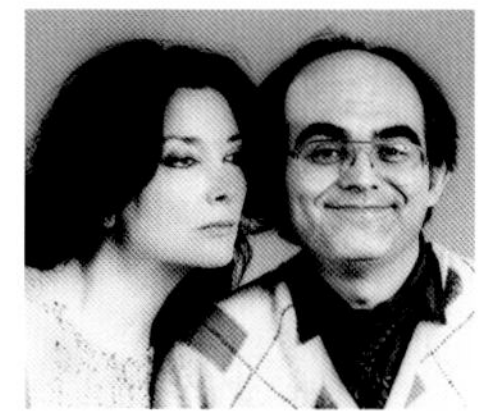

Terenci Moix con Nuria Espert, en sesión de estudio, 1982

Vilanova i la Geltrú, 2010

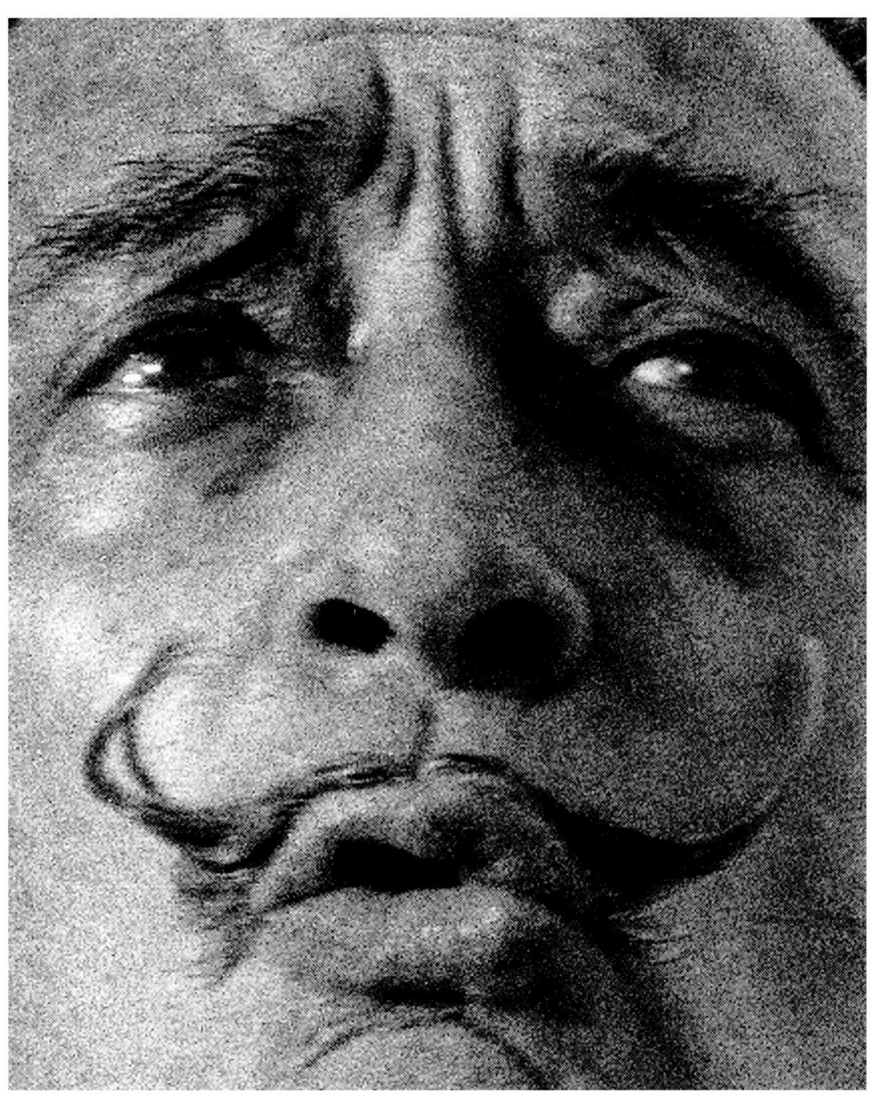

01. Dalí, 1971

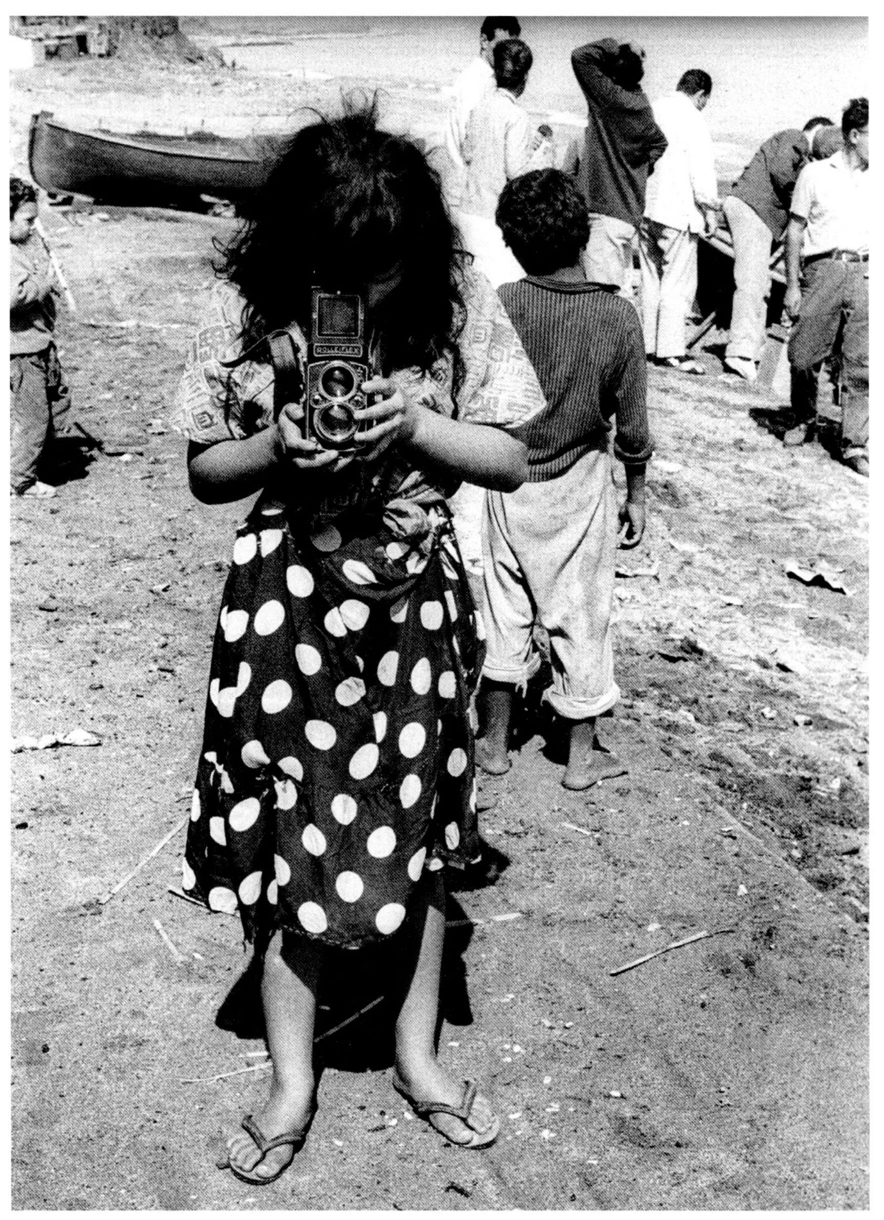

02. La Singla con cámara, 1963

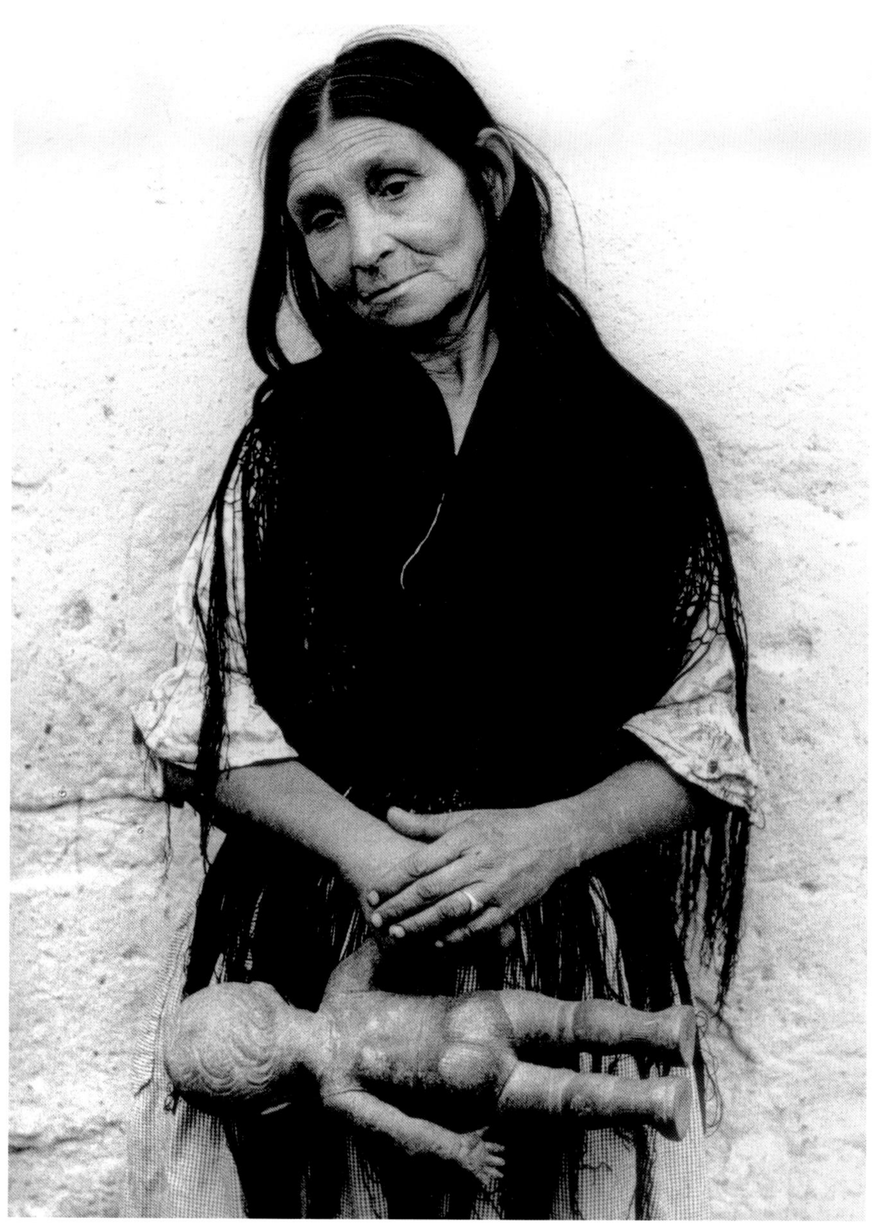

03. Gitana y muñeco, 1962

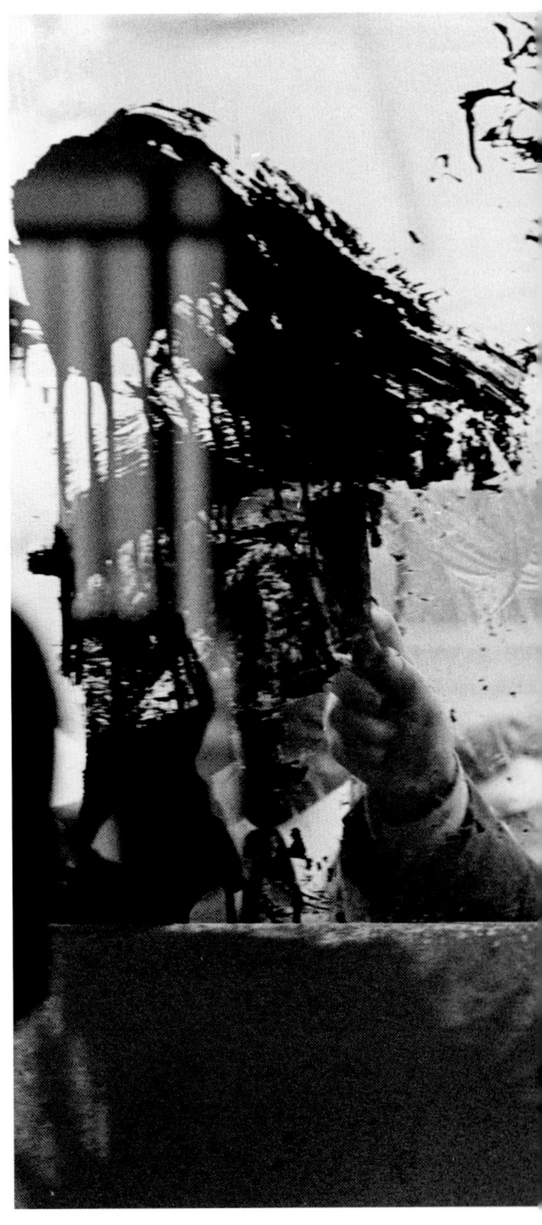

04. Miró

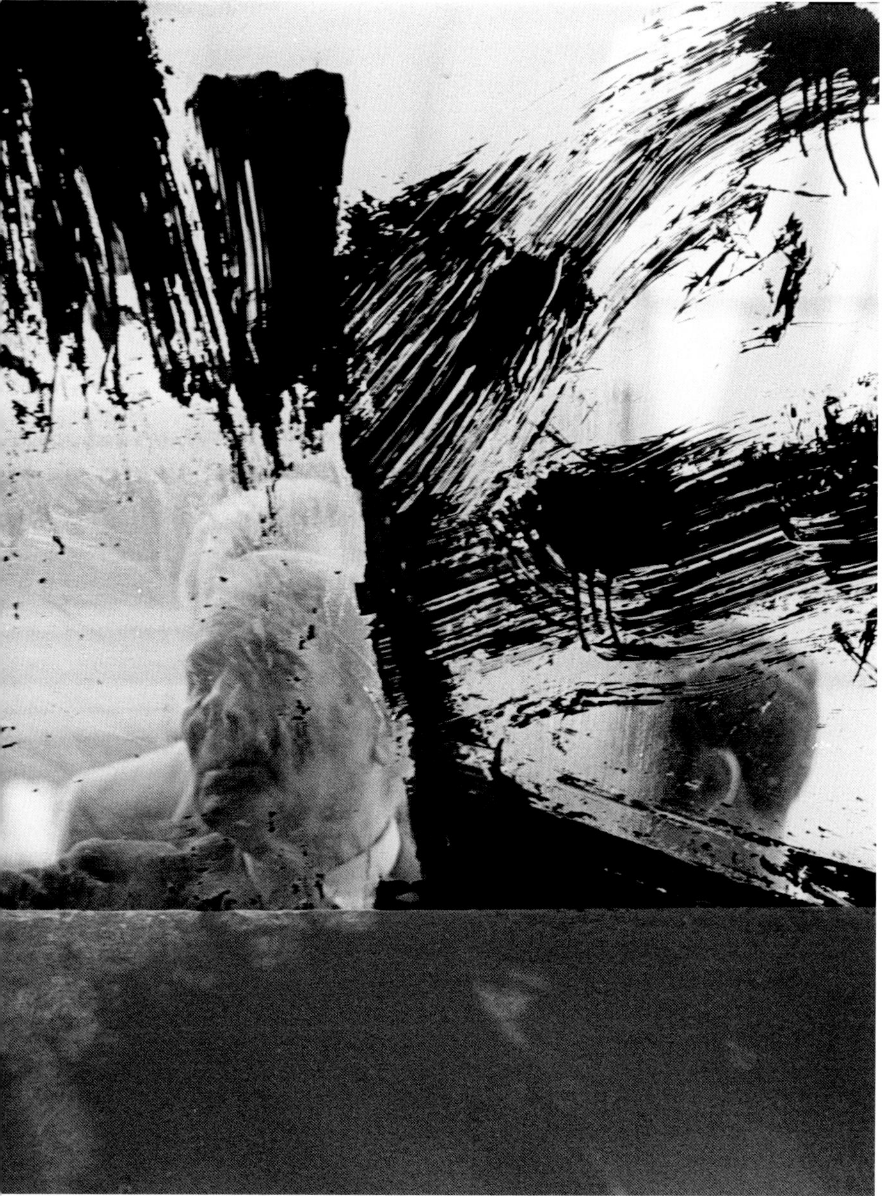

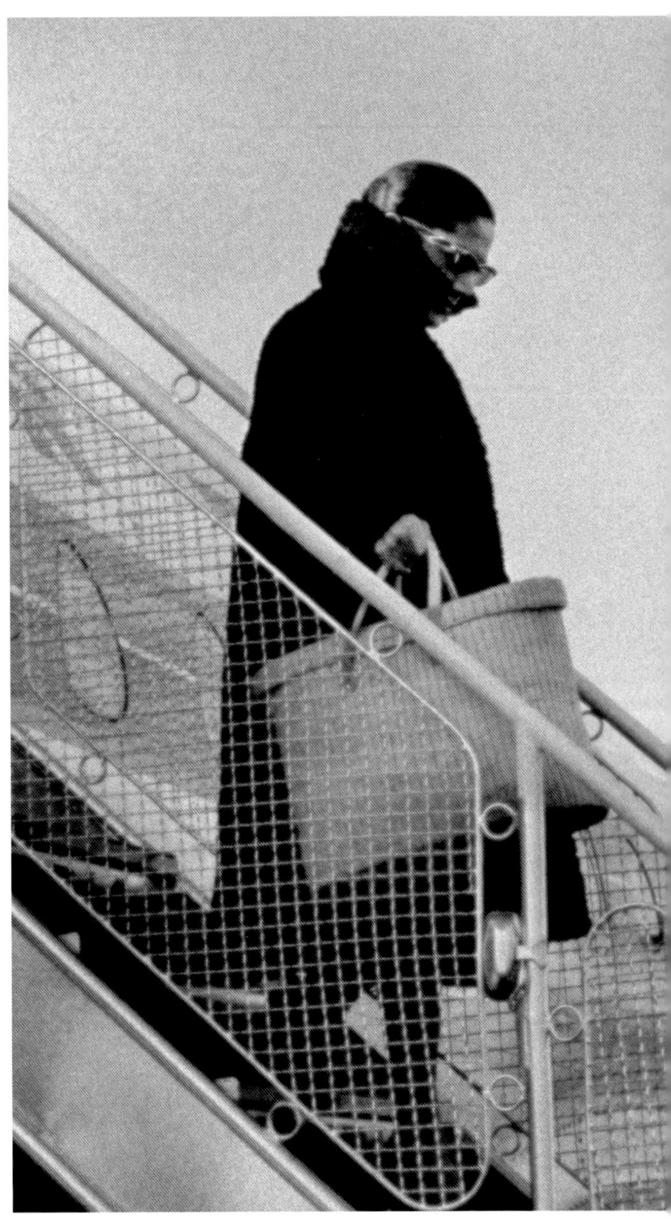

05. Carmen Amaya

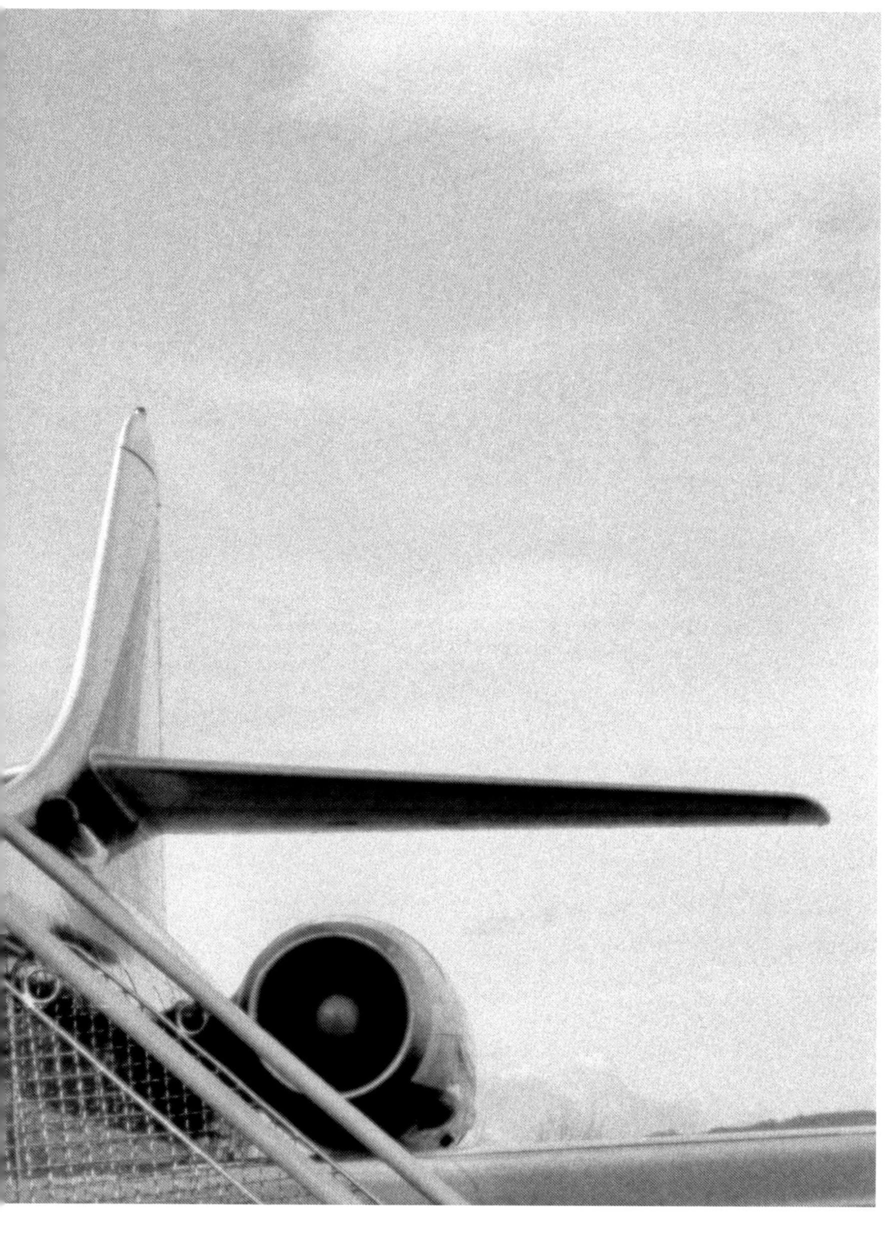

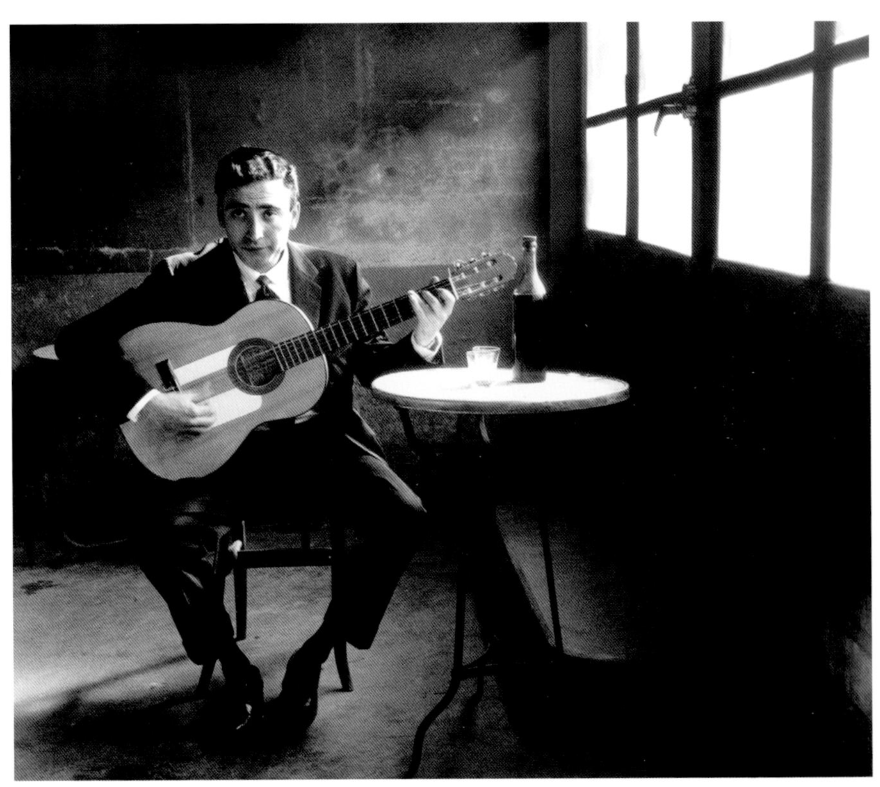

06. Peret, 1963

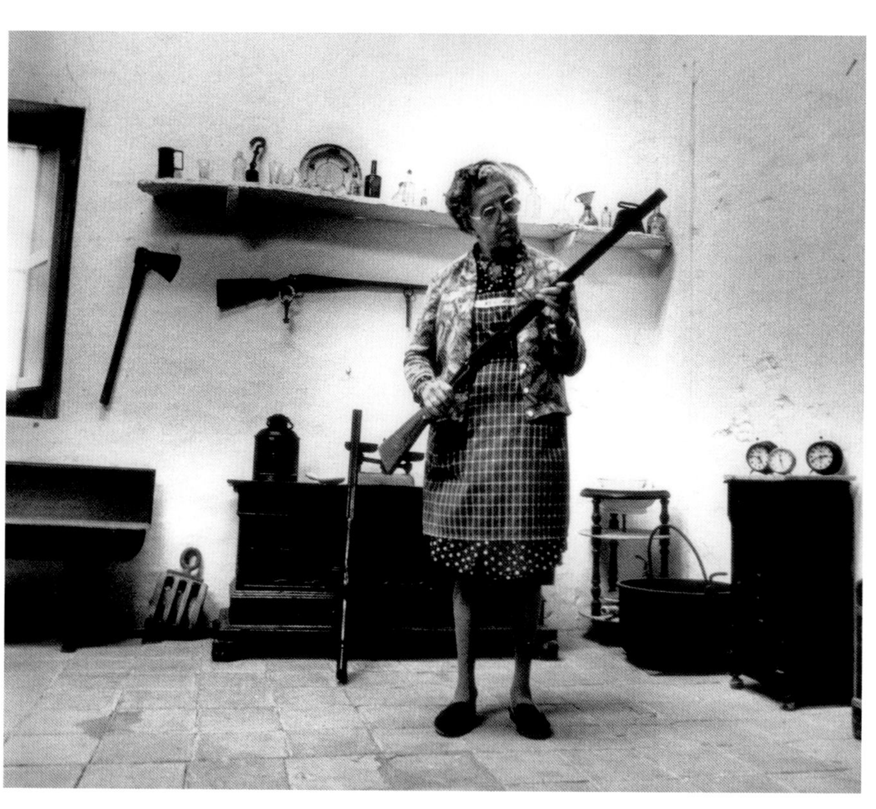

07. Payesa. Masía del Prat

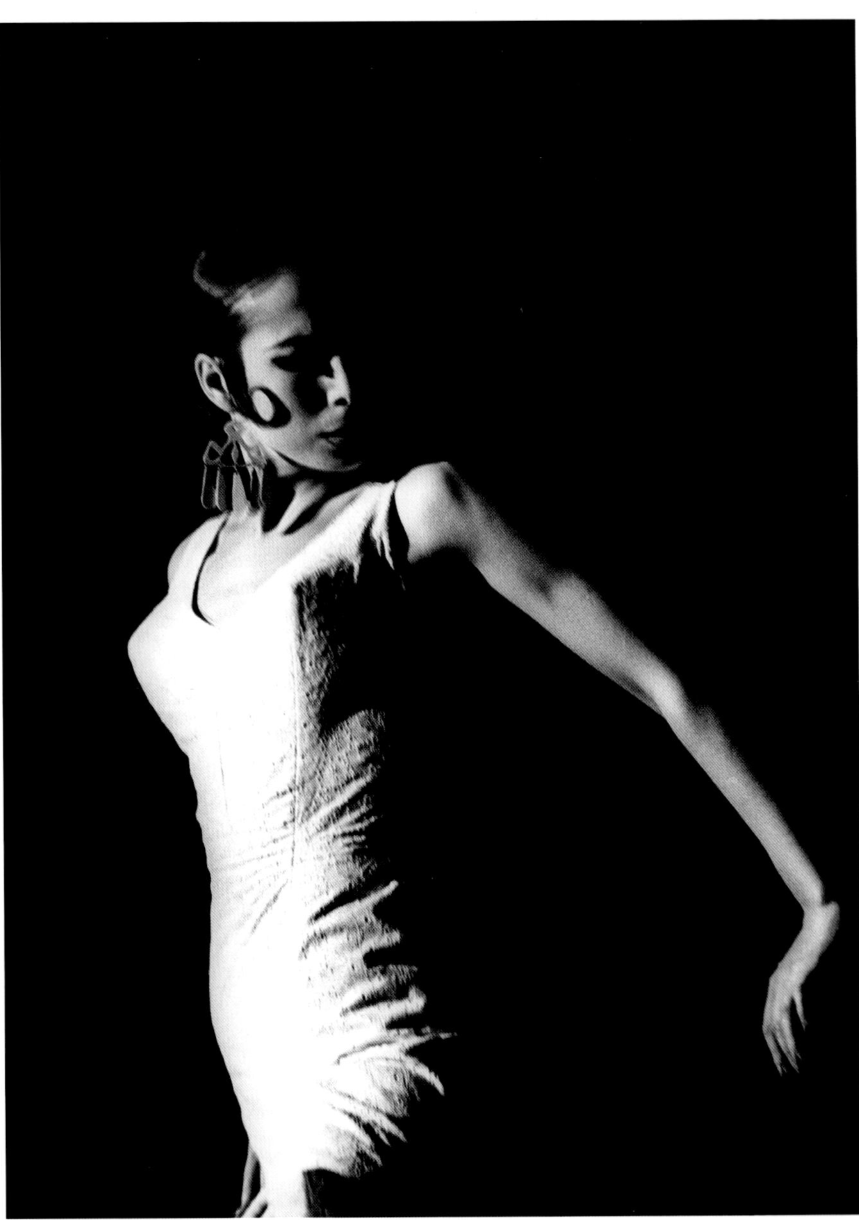

08. Cristina Hoyos. La Arboleda, 1969

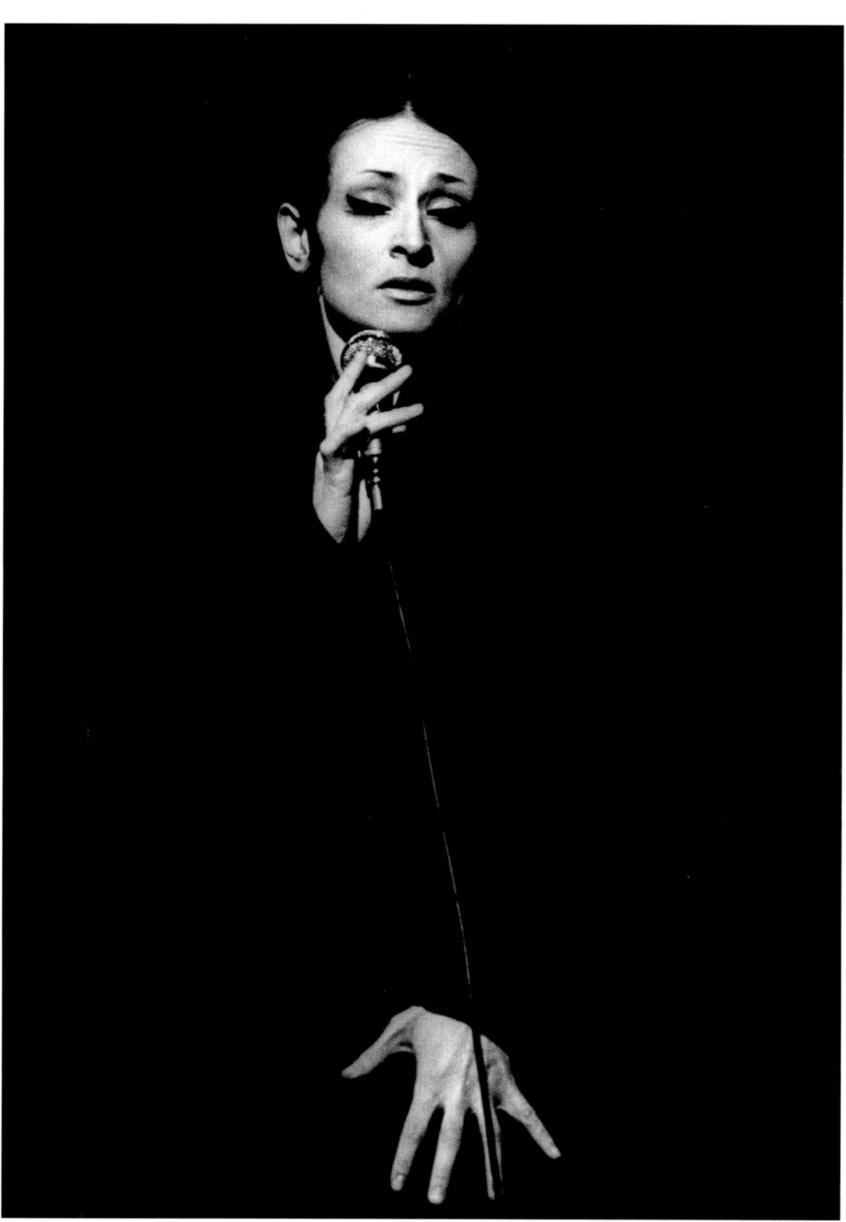

09. Bárbara en el Palau, 1971

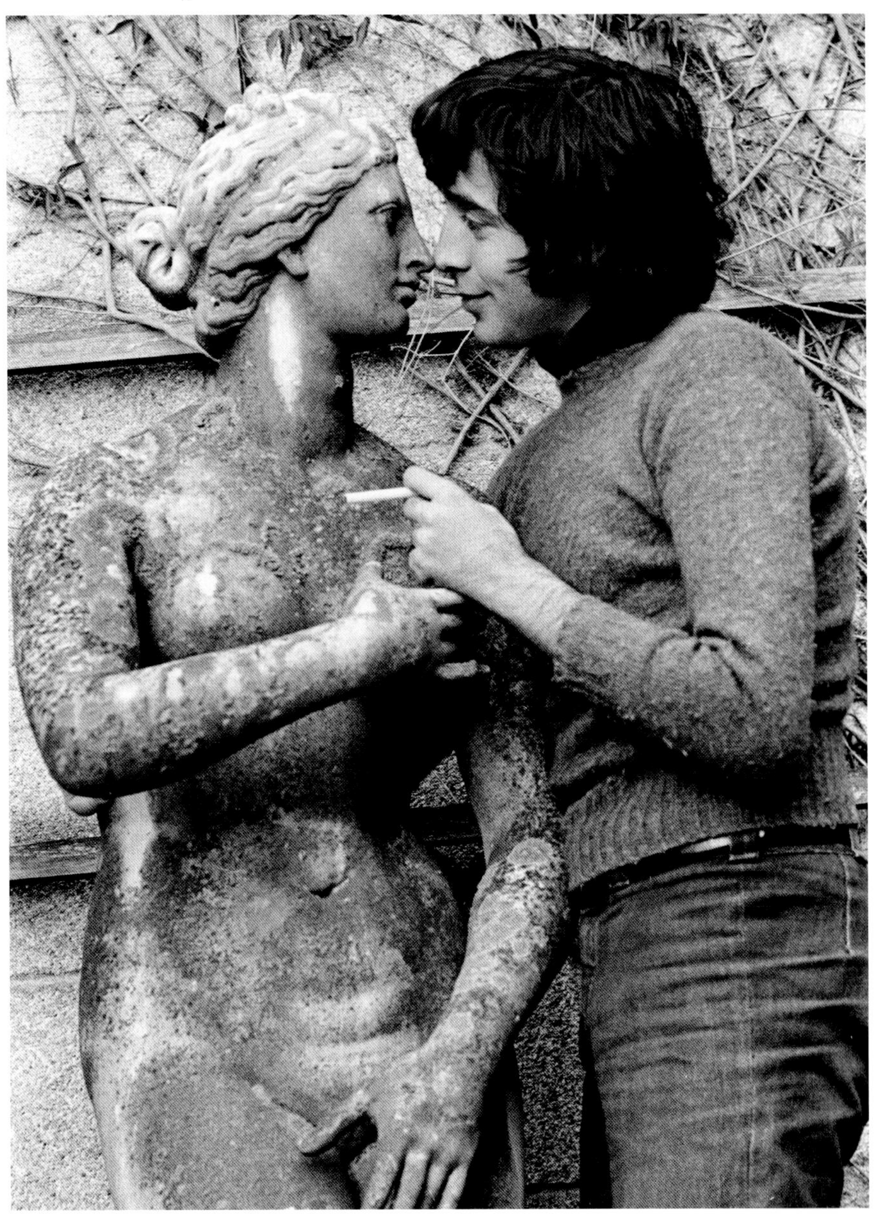

10. Joan Manuel Serrat

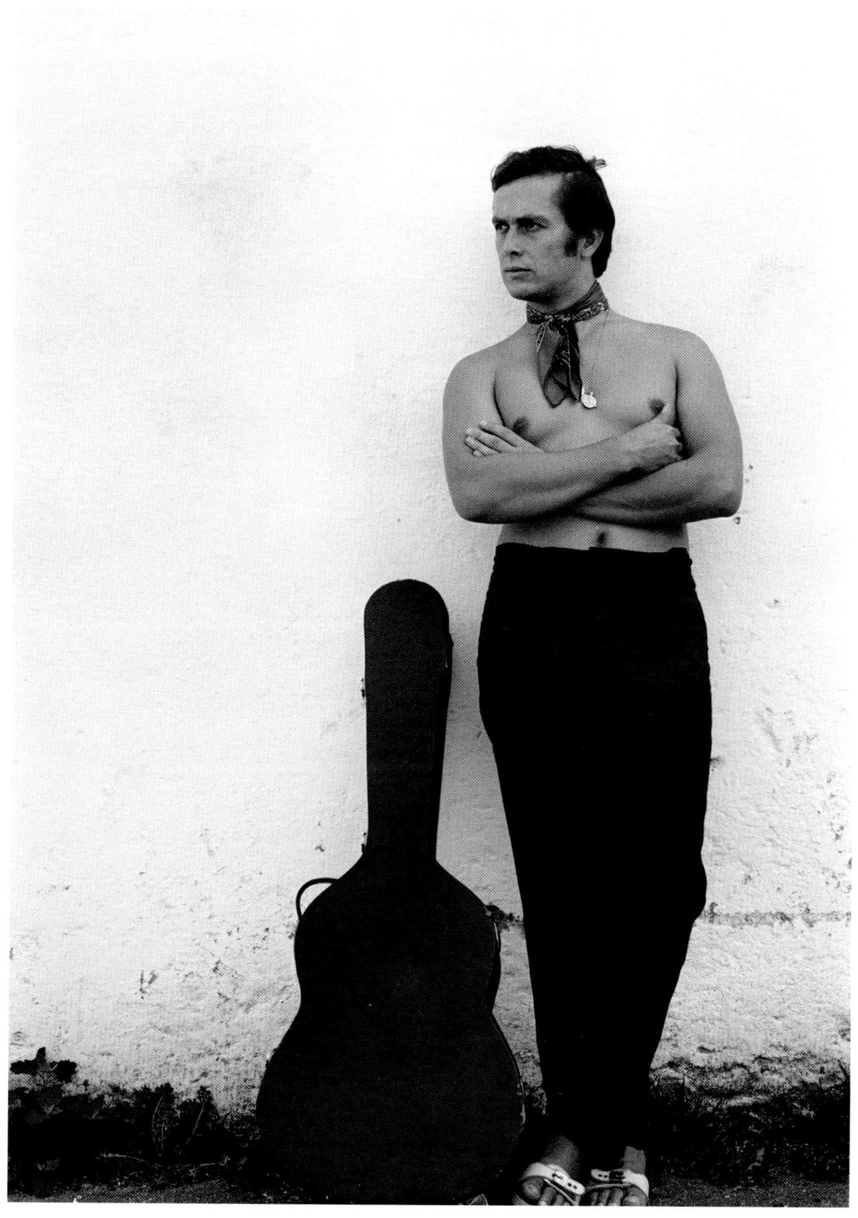

11. Paco de Lucía, 1969

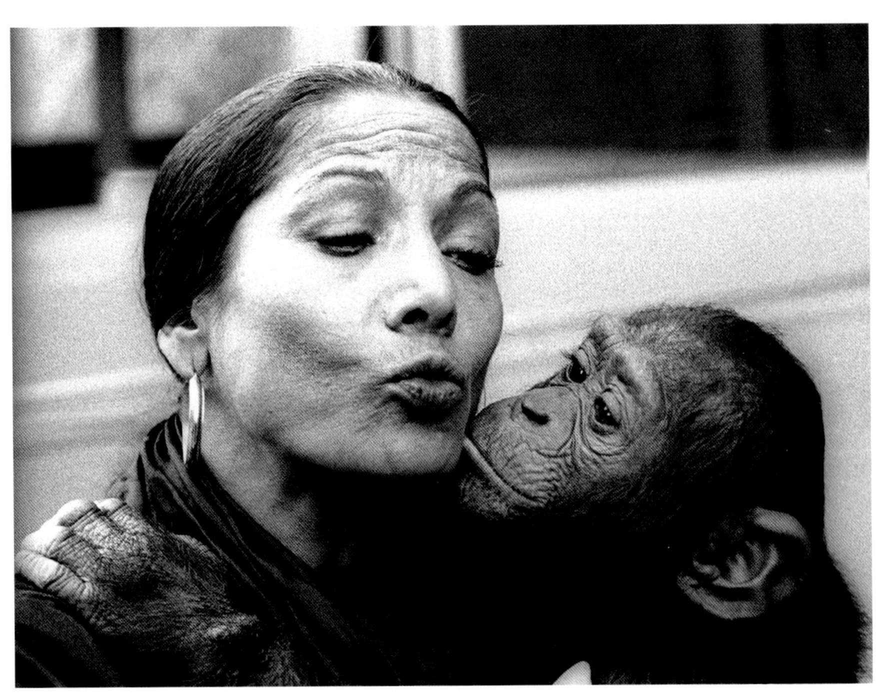

12. Carmen Amaya con el mono Jorge

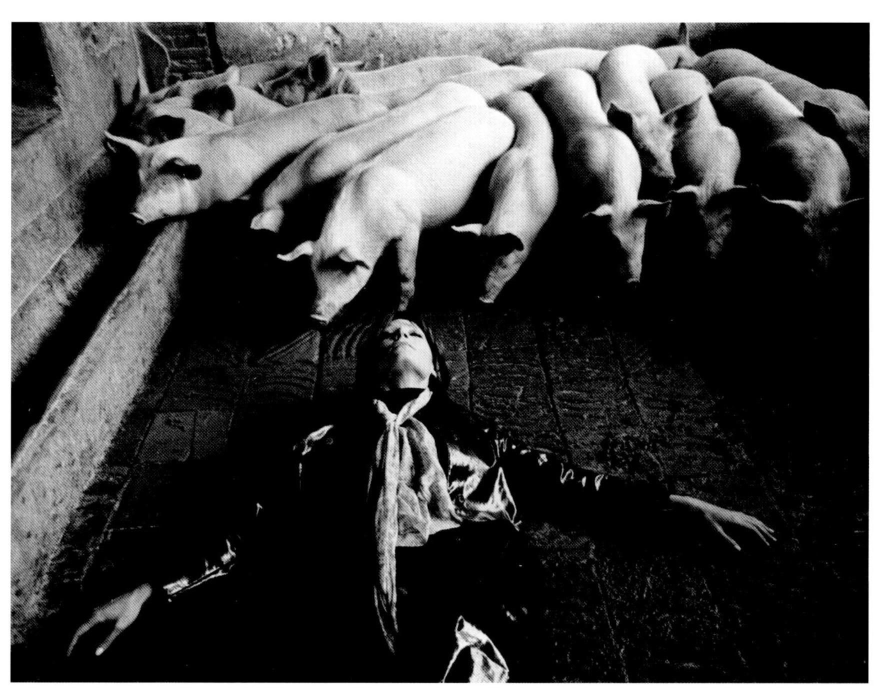

13. Sin título

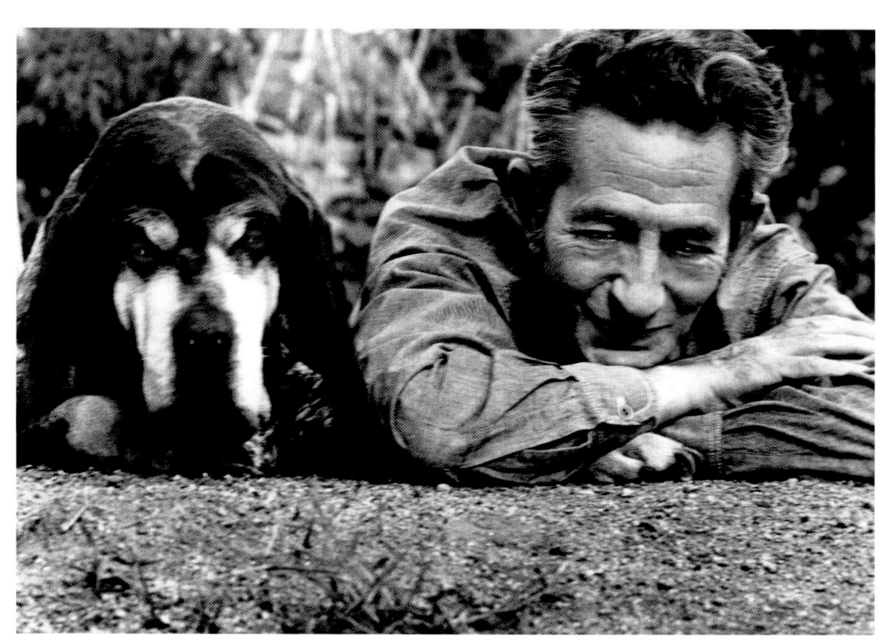

14. Dionisio Ridruejo y perro, 1973

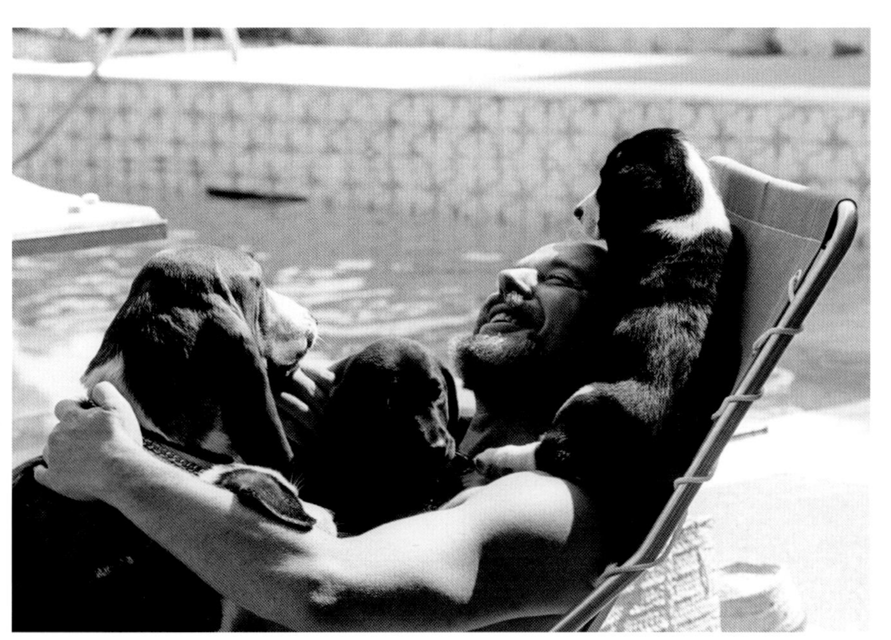

15. Jaime Gil de Biedma en piscina con perros. Segovia, 1974

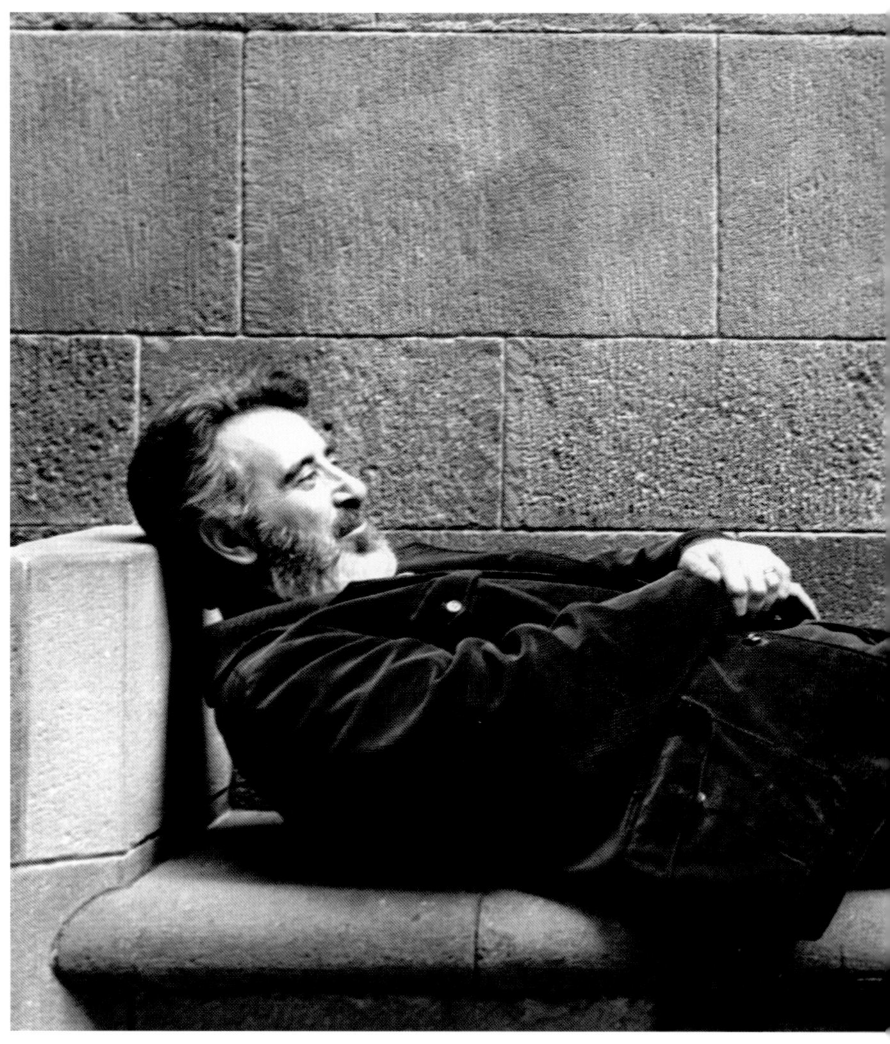

16. Carlos Castilla, 1972

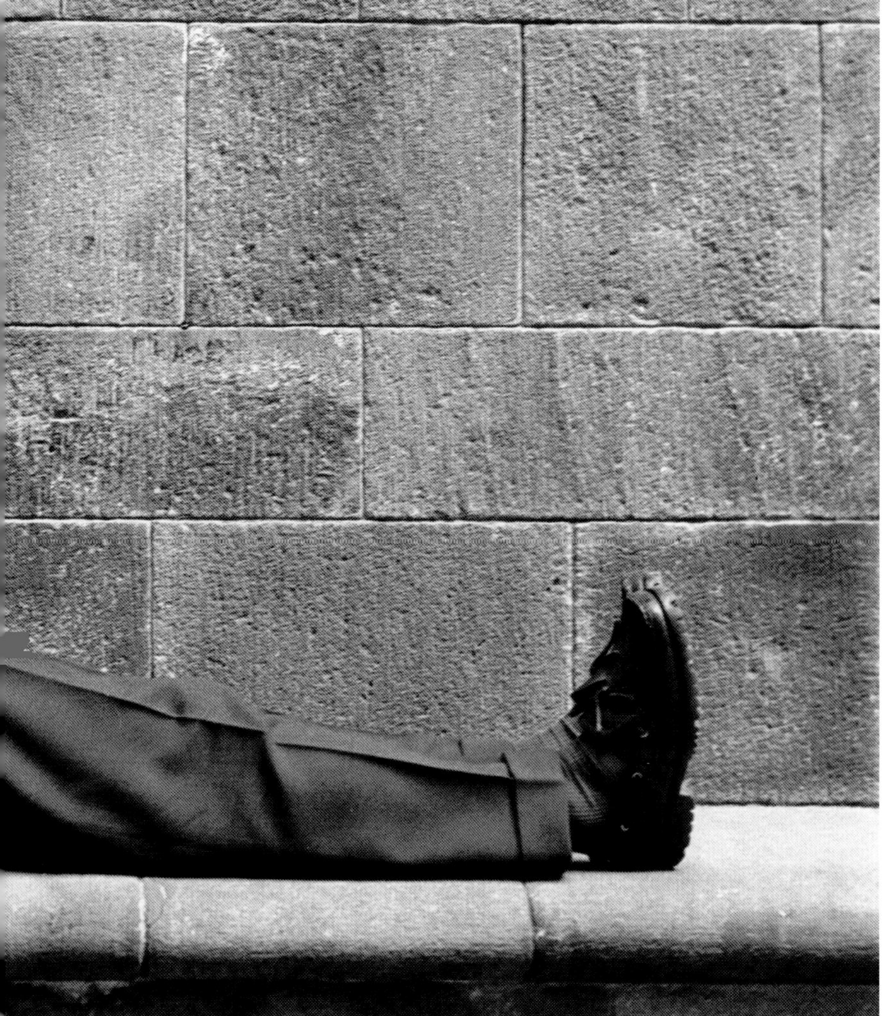

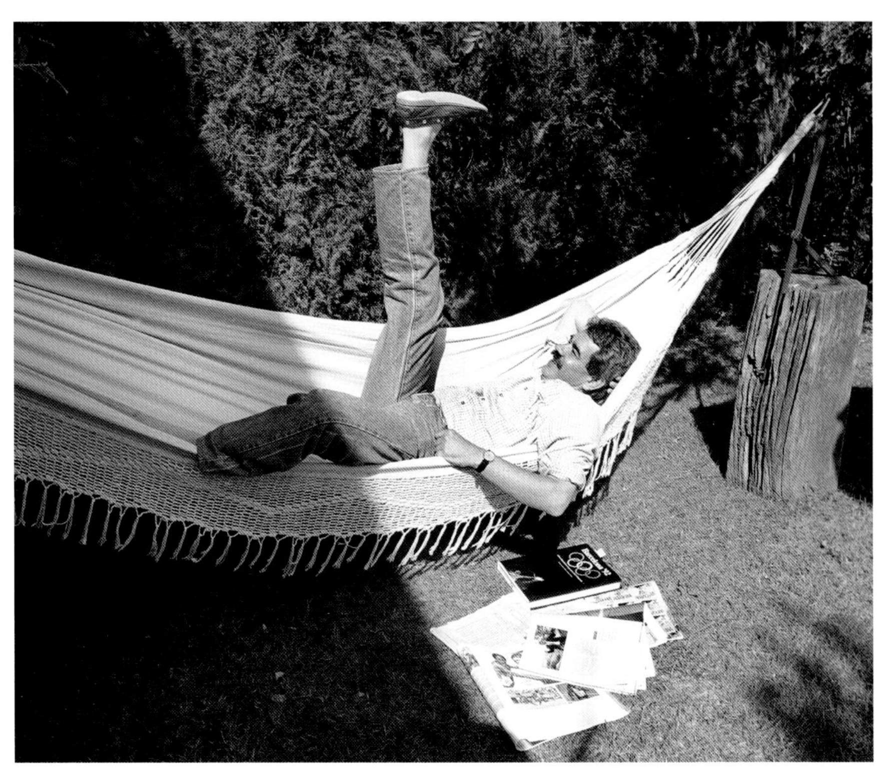

17. Maragall en hamaca, 1992

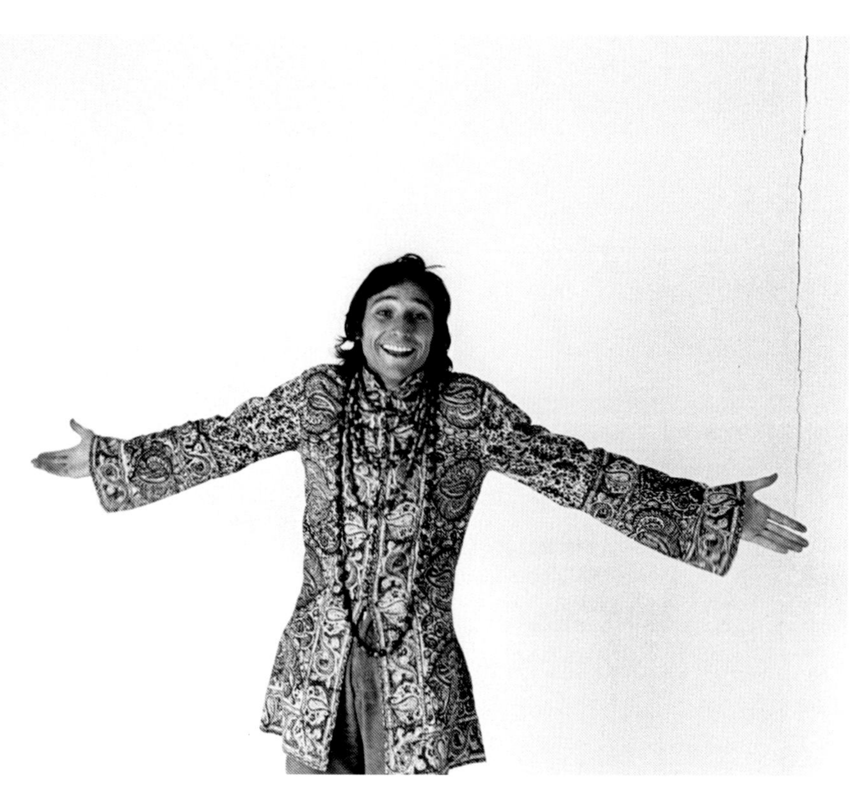

18. Antonio Gades, 1968

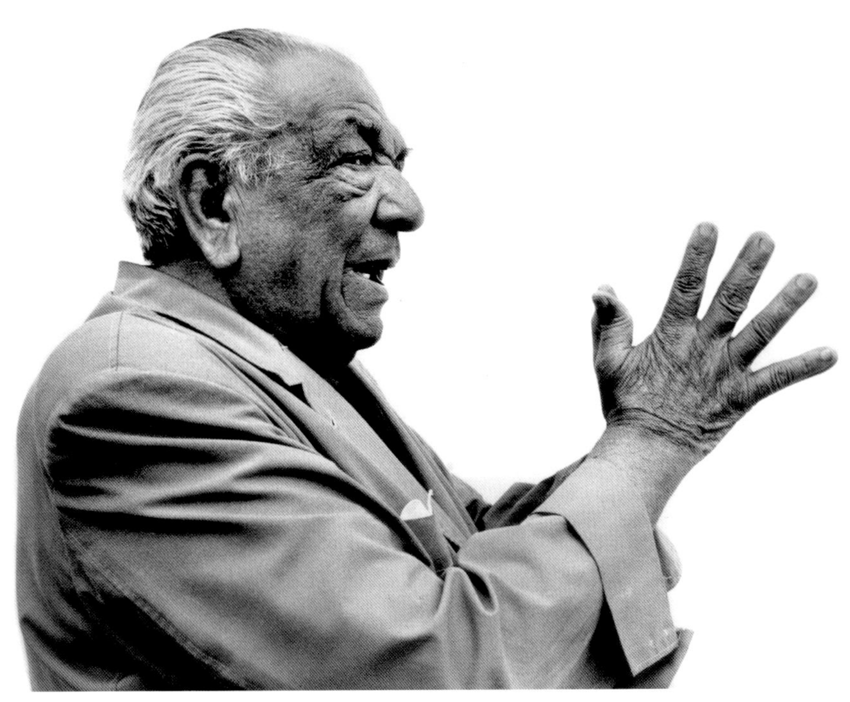

19. Juan Talega. Dos Hermanas, 1969

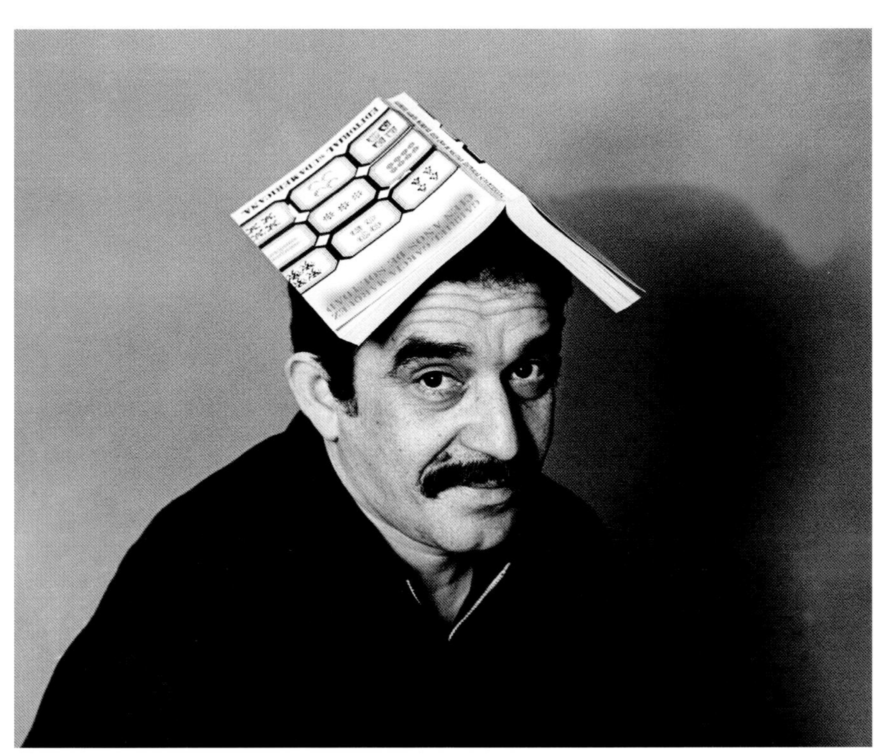

20. Gabriel García Márquez, 1969

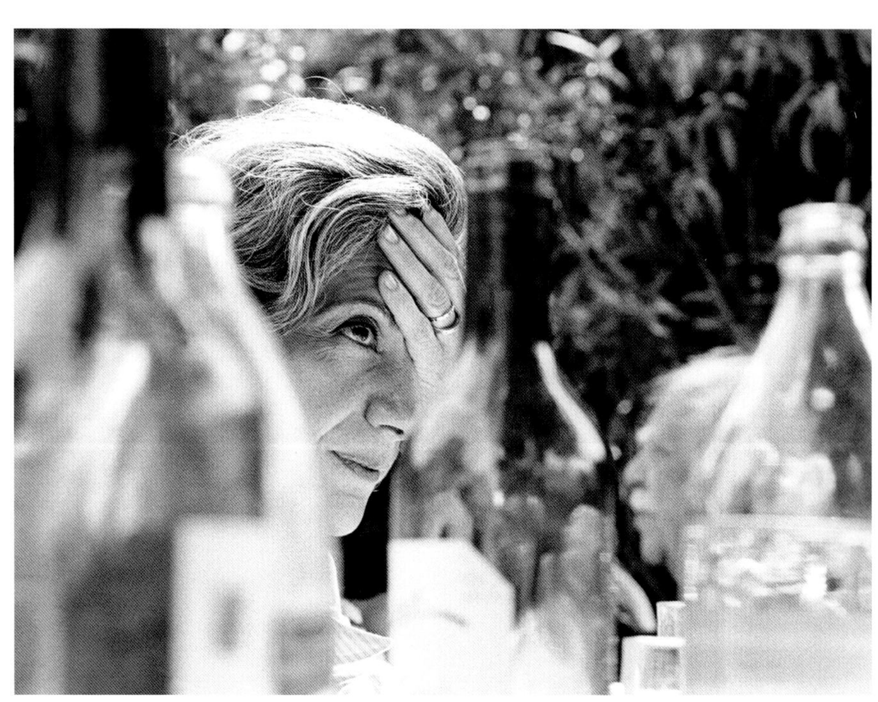

21. Ana María Matute. Sitges, 1974

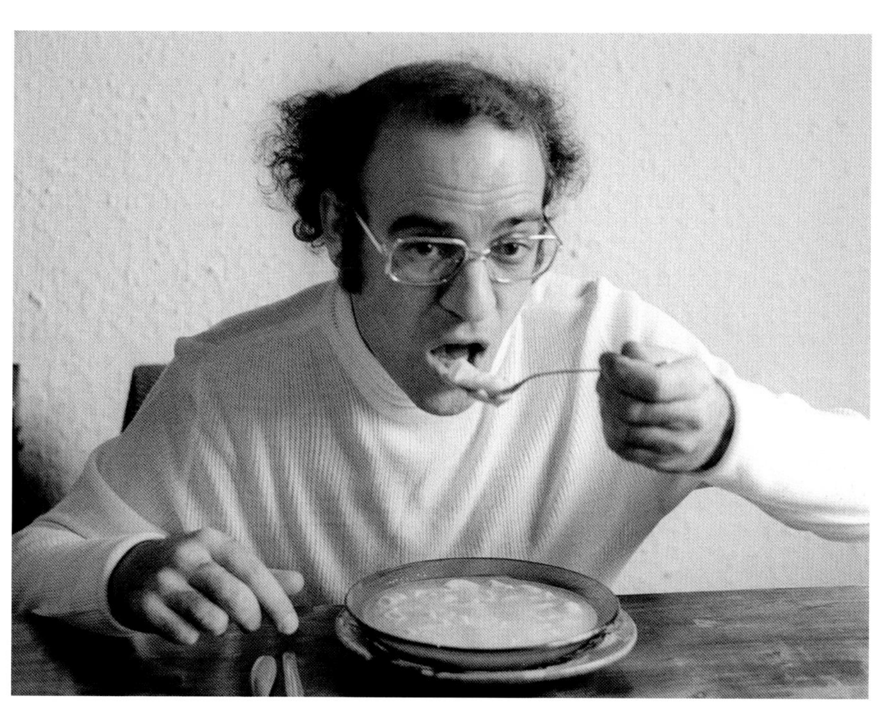

22. Quino, 1973

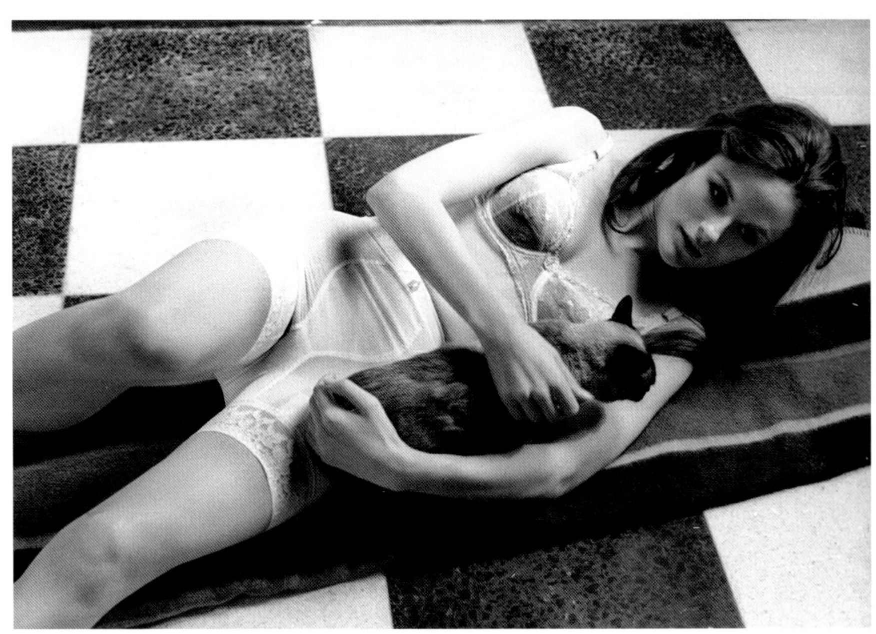

23. Janet con gato, 1968

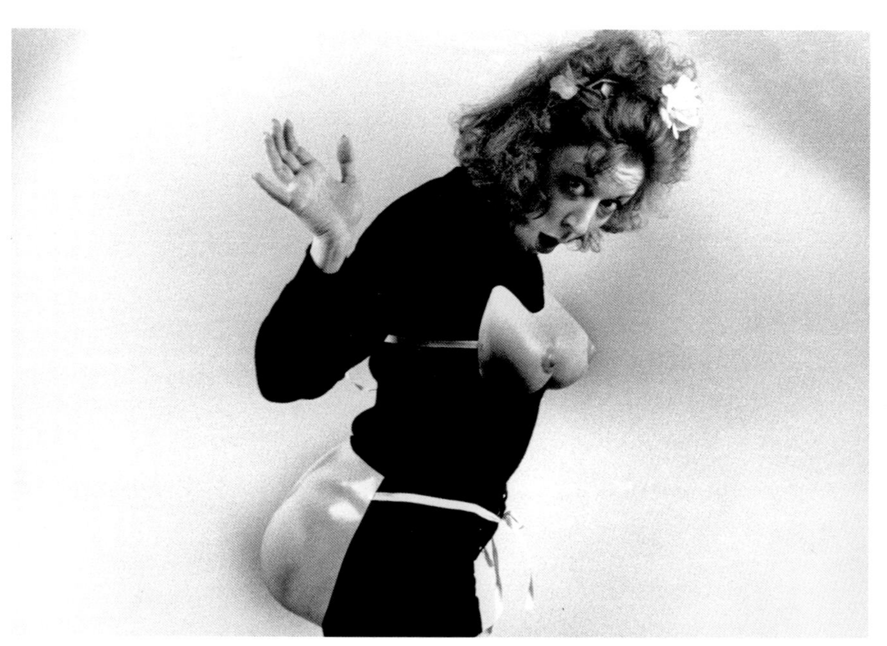

24. Rosa Sardá, 1978

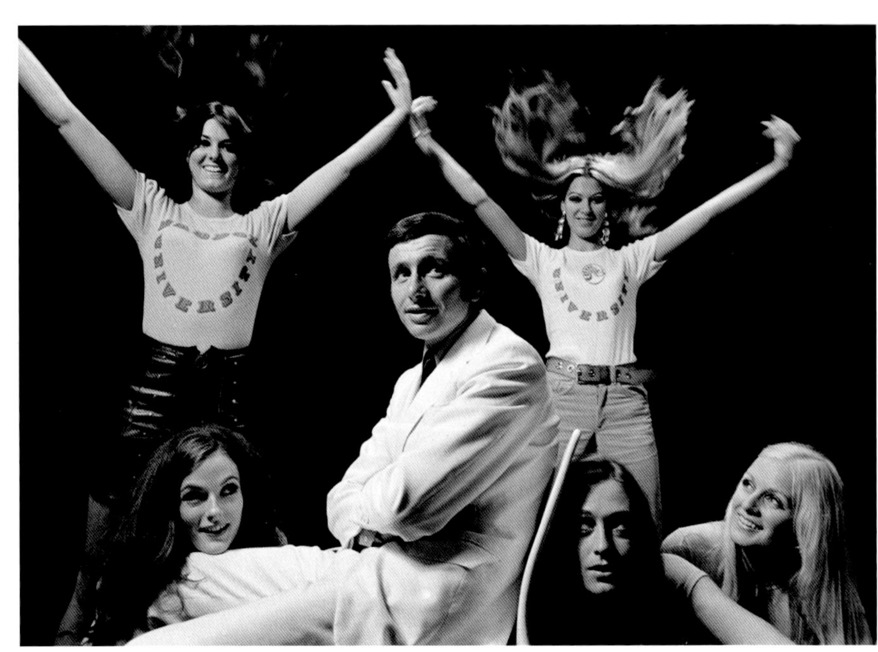

25. Sin título

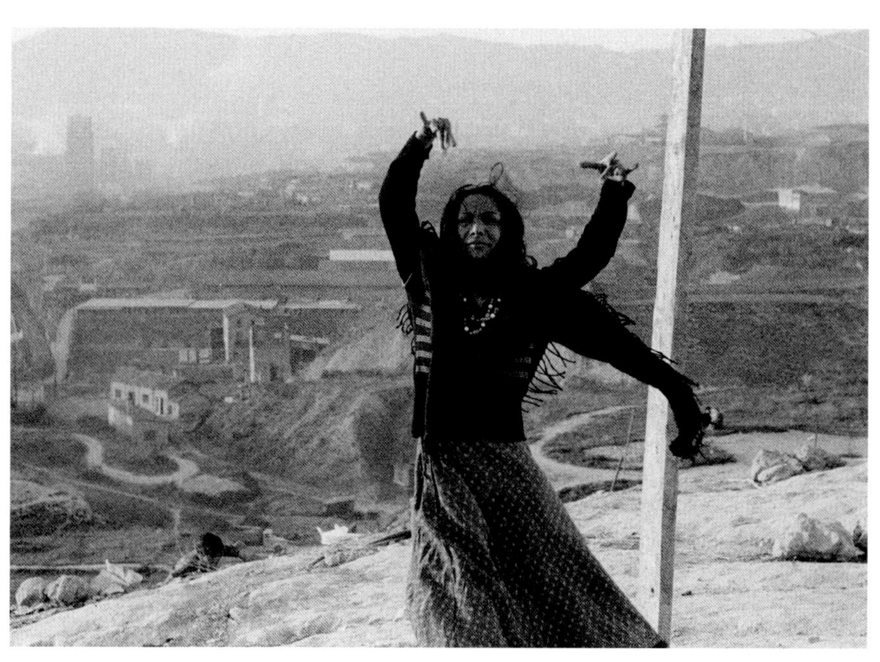

26. Carmen Amaya

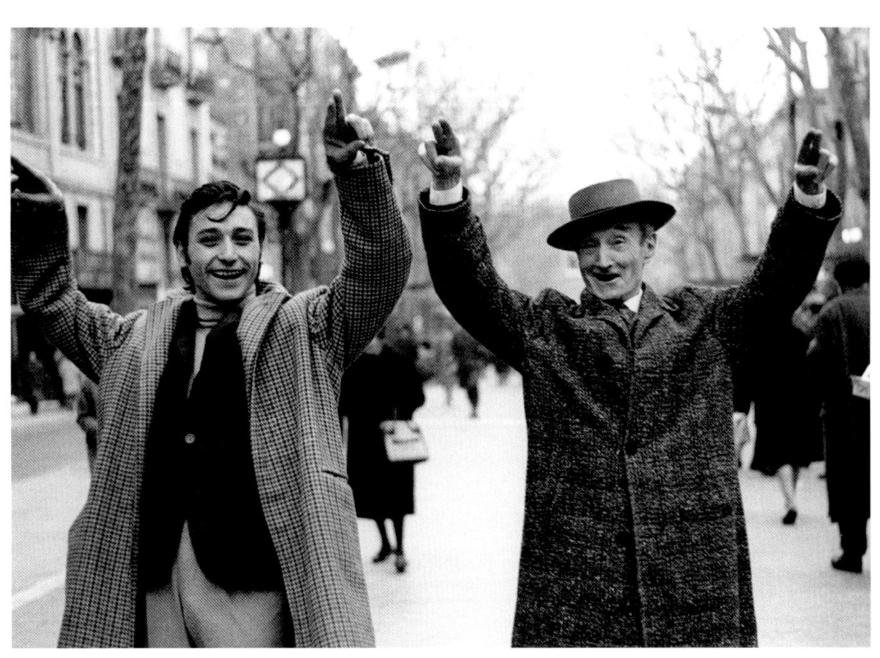

27. Antonio Gades con Vicente Escudero. Las Ramblas, 1963

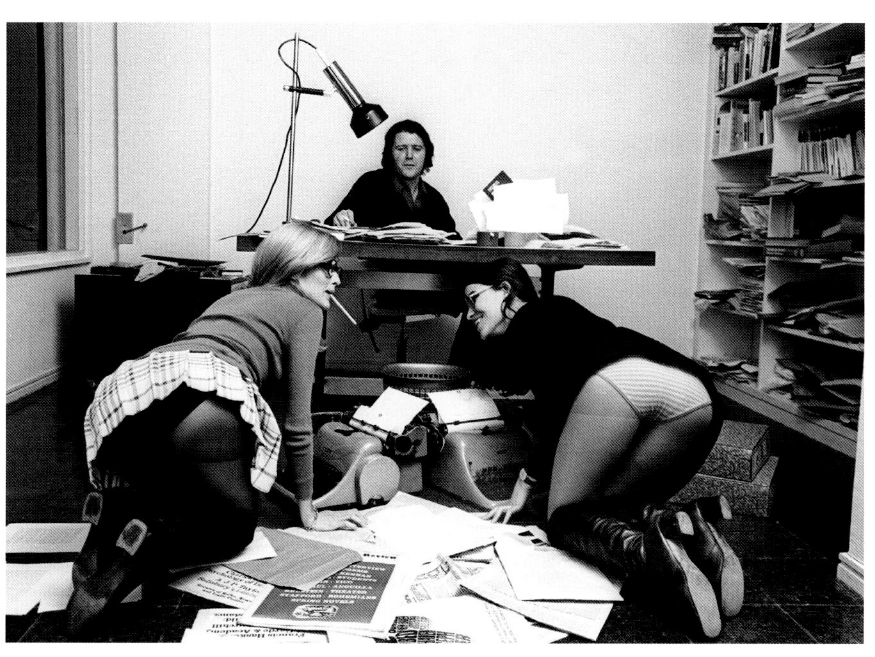

28. Jorge Herralde y sus secretarias, 1970

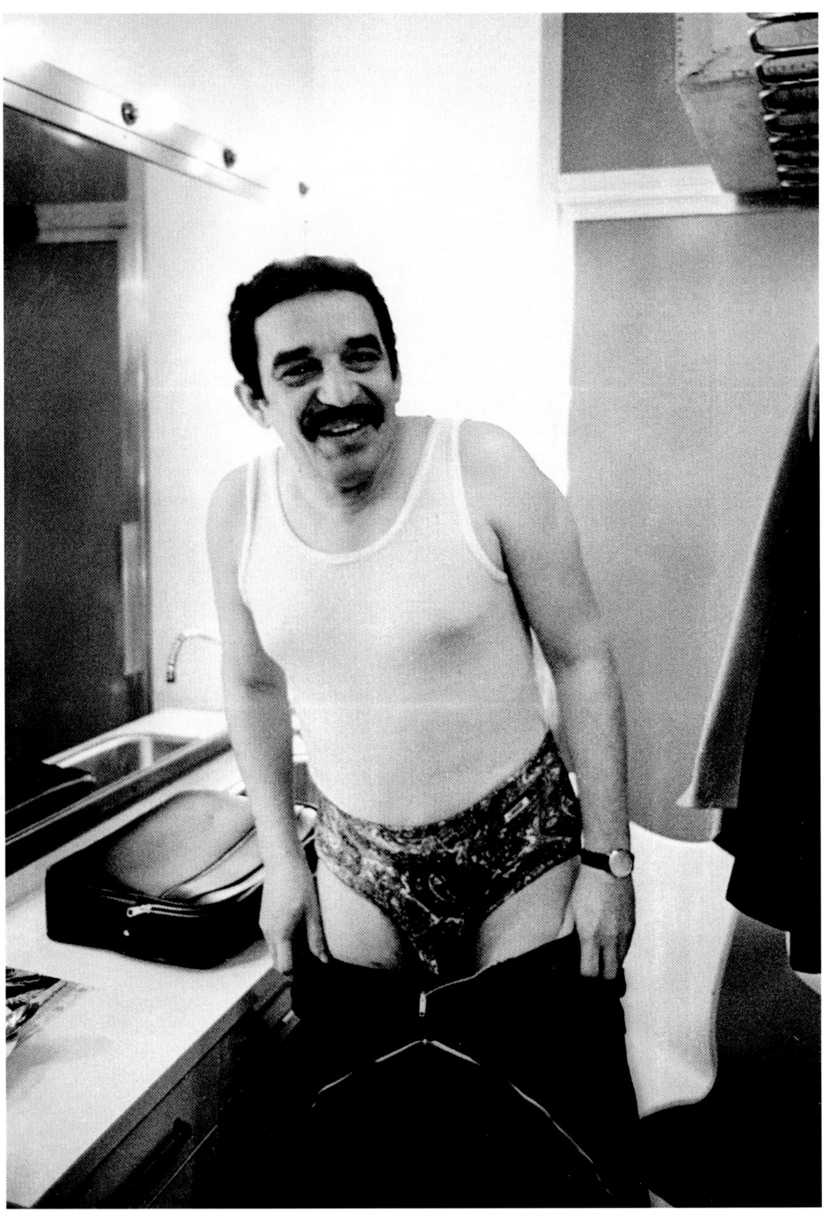

29. Gabriel García Márquez, 1969

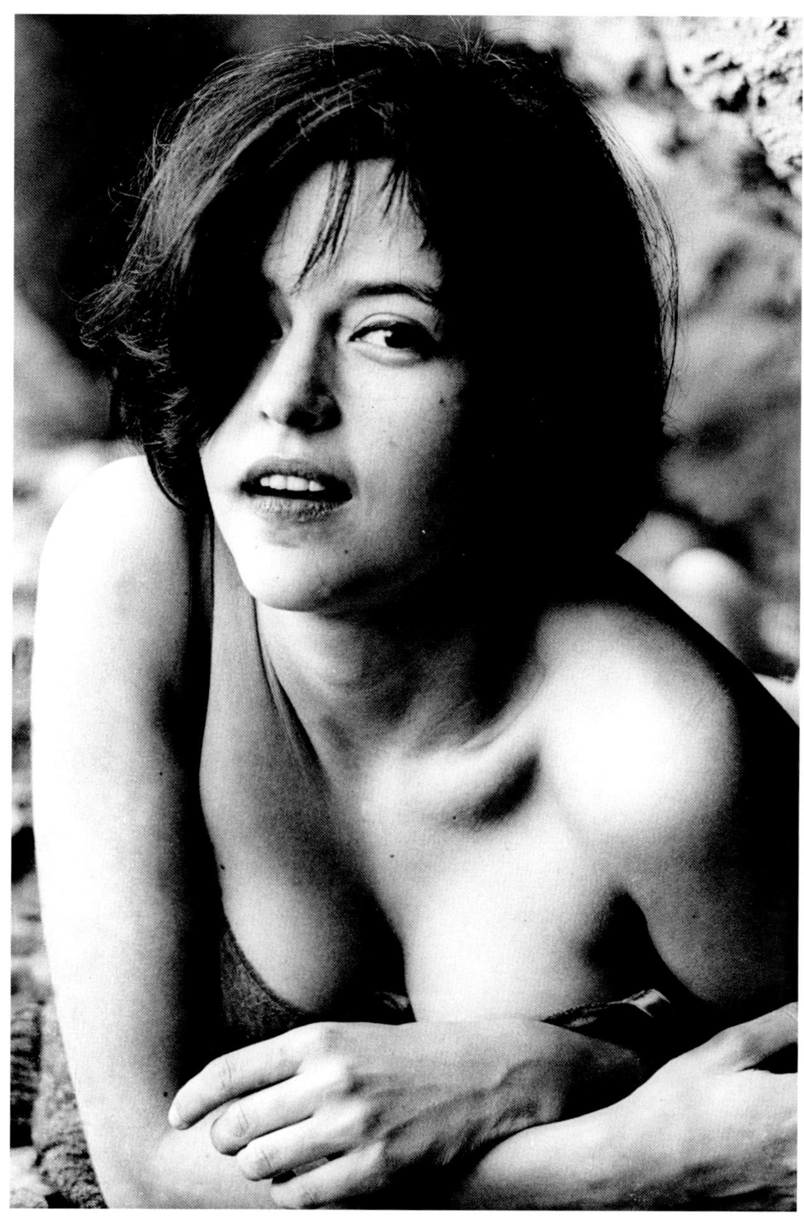

30. Beatriz de Moura. Cadaqués, 1965

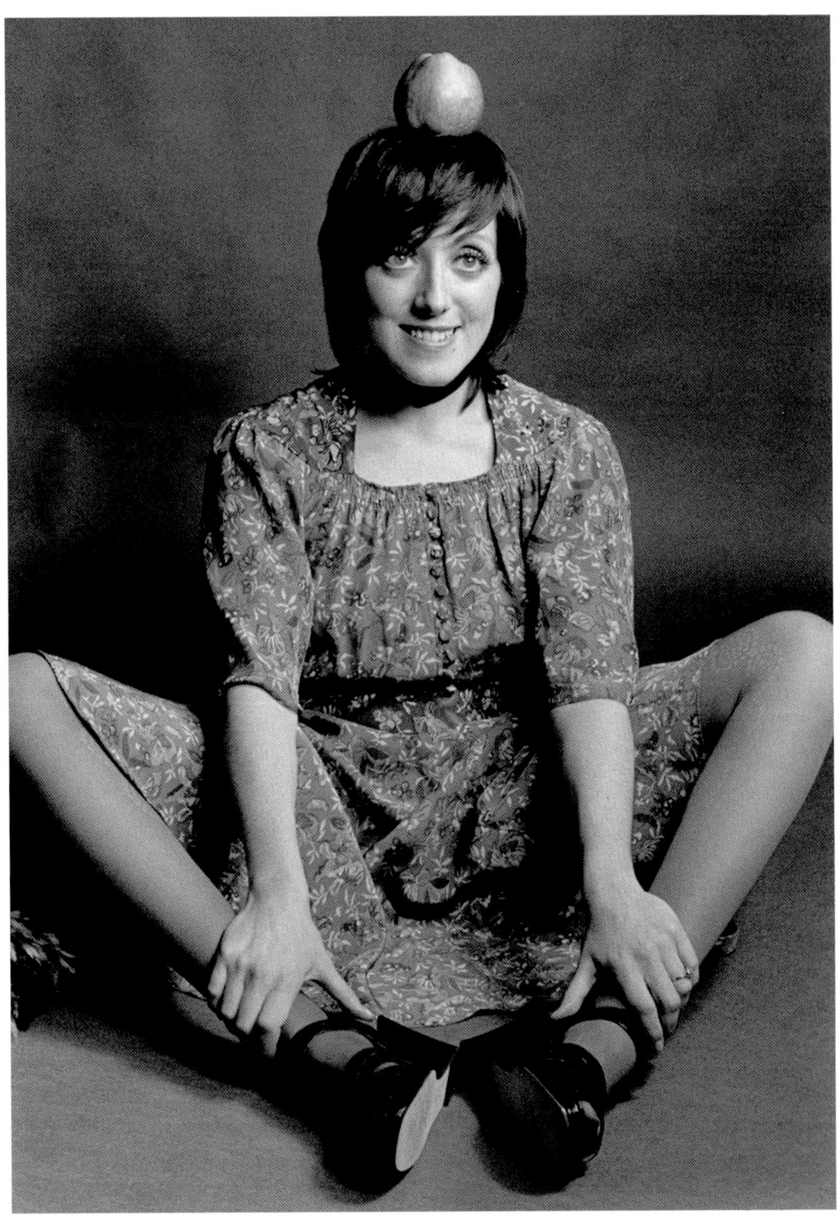

31. Guillermina Motta, 1975

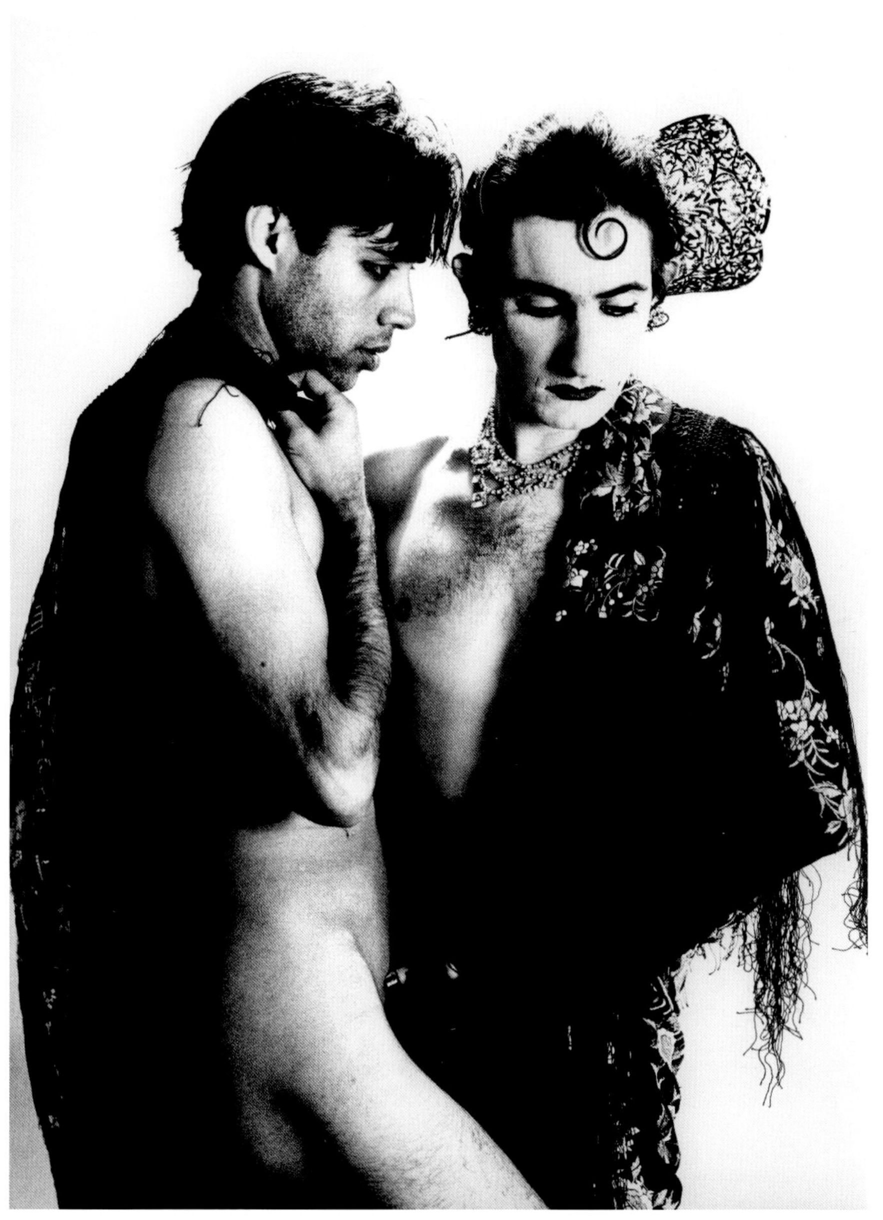

32. Ocaña y su amigo Camilo, 1982

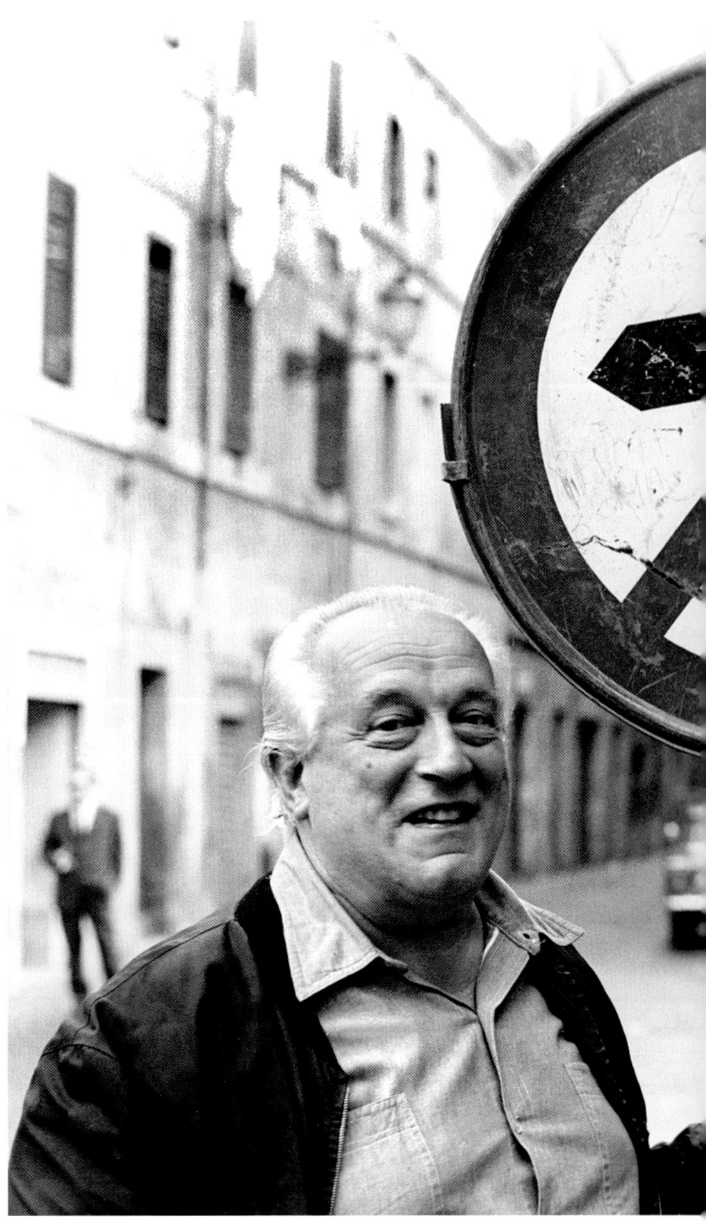

33. Rafael Alberti y Antonio Gades. Roma, 1968

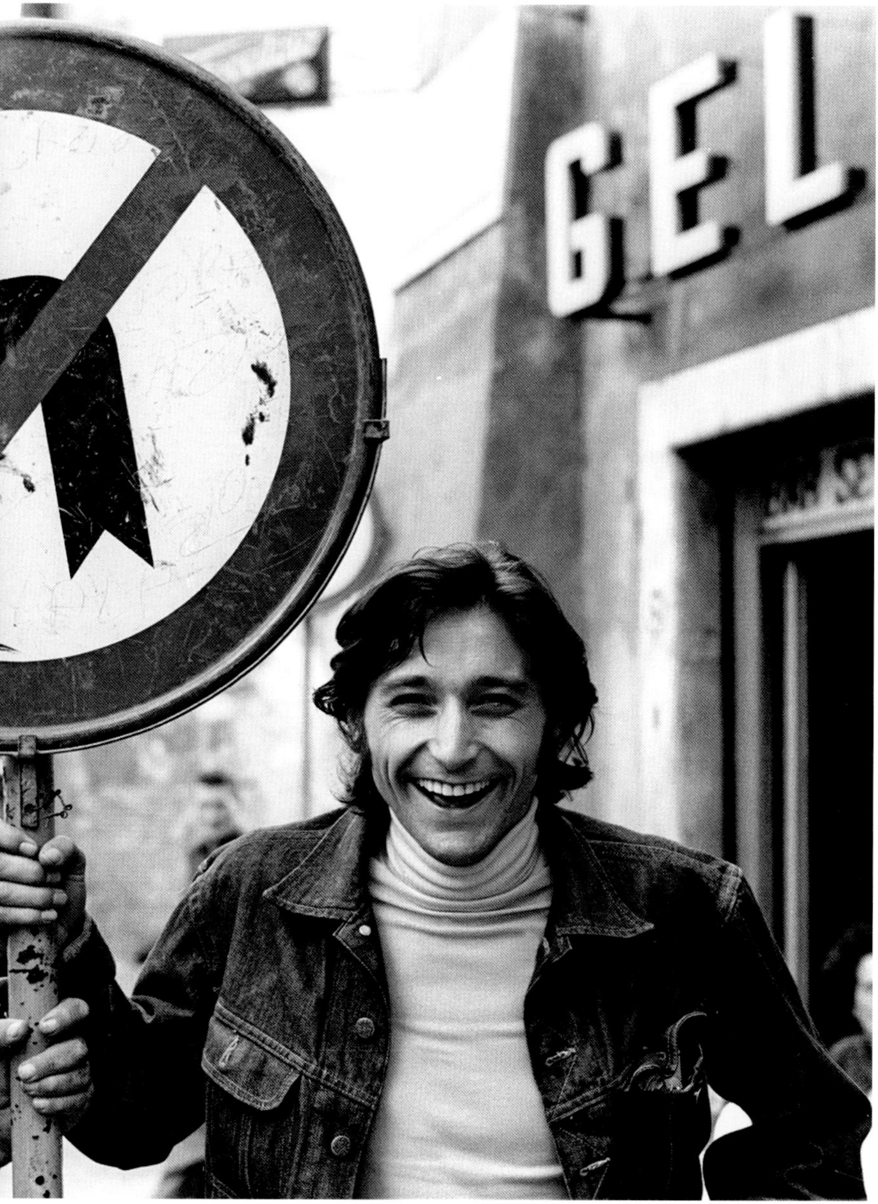
GEL

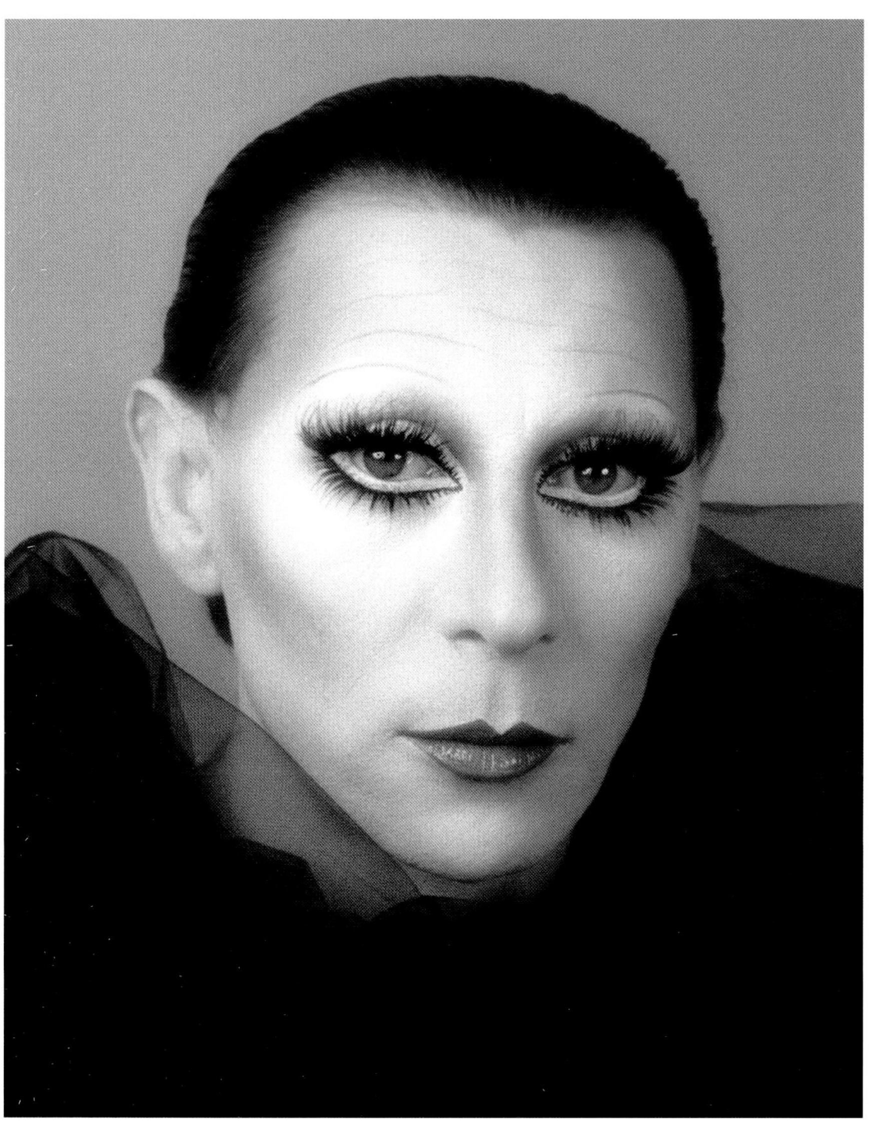

34. Ángel Pavlovsky, 1977

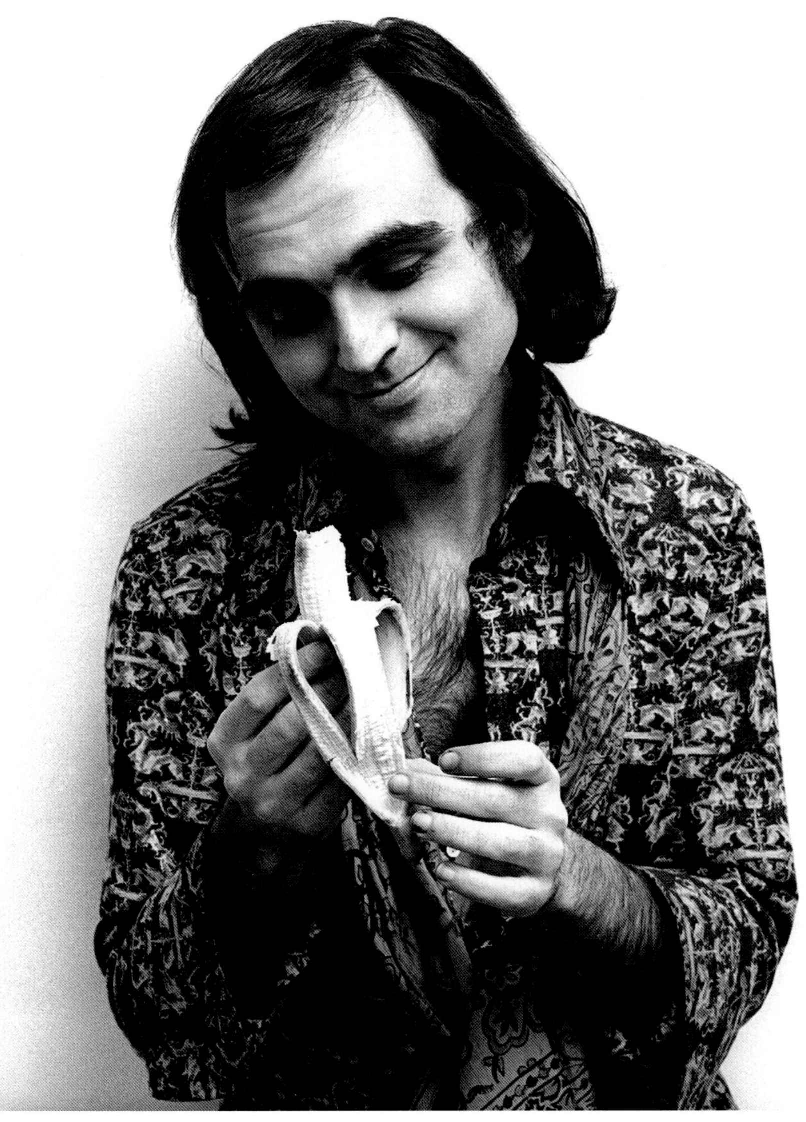

35. Terenci Moix. Sesión de la Gauche Divine, 1971

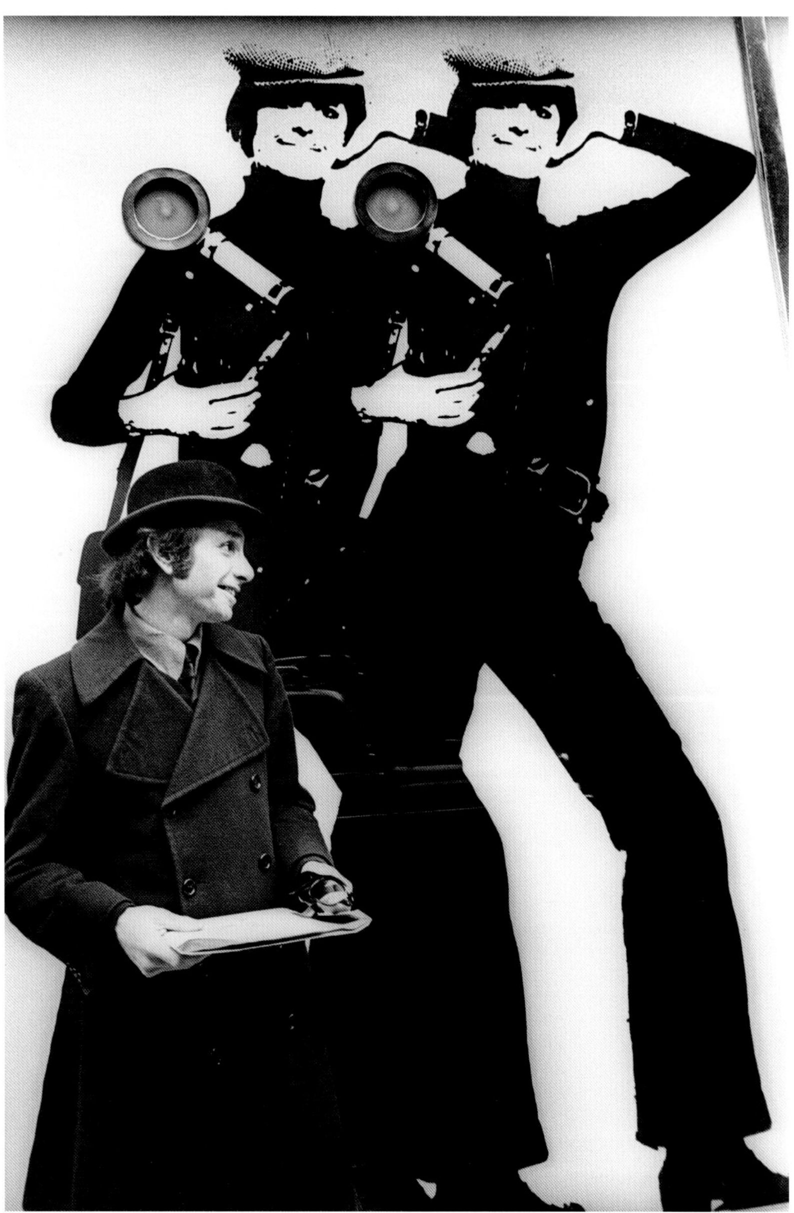

36. Oriol Regás, 1971

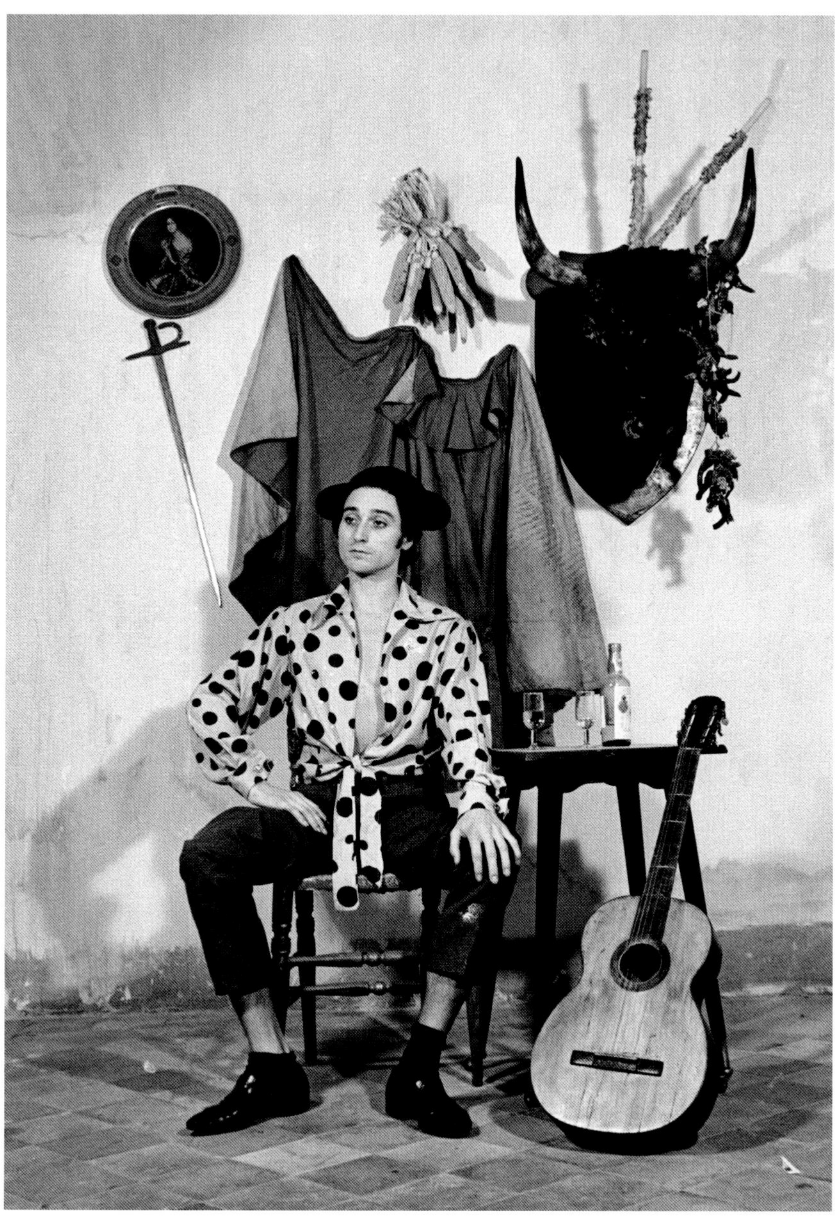

37. Antonio Gades

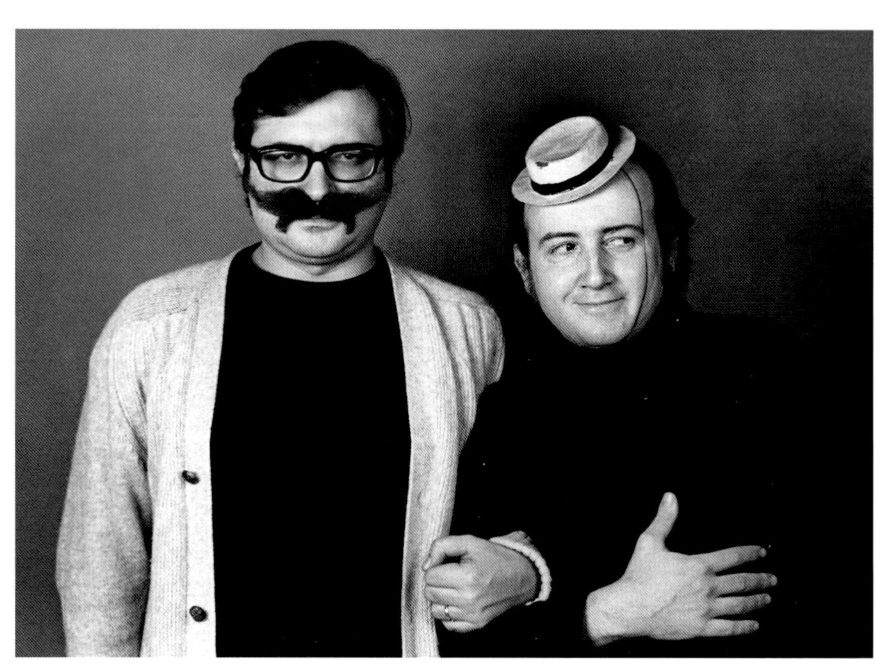

38. Perich y Segarra, 1970

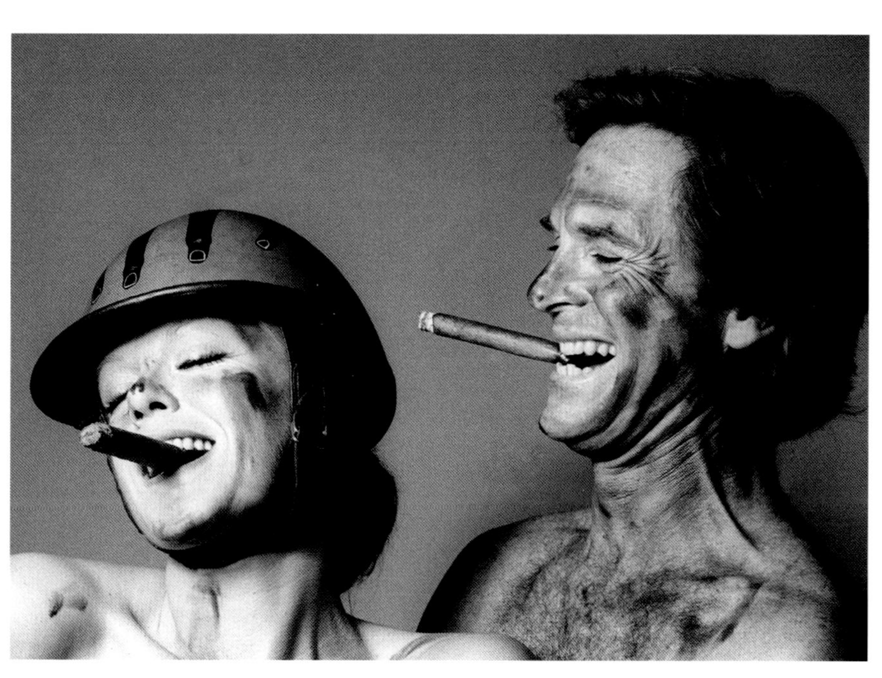

39. Teresa Gimpera y Craig Hill, 1973

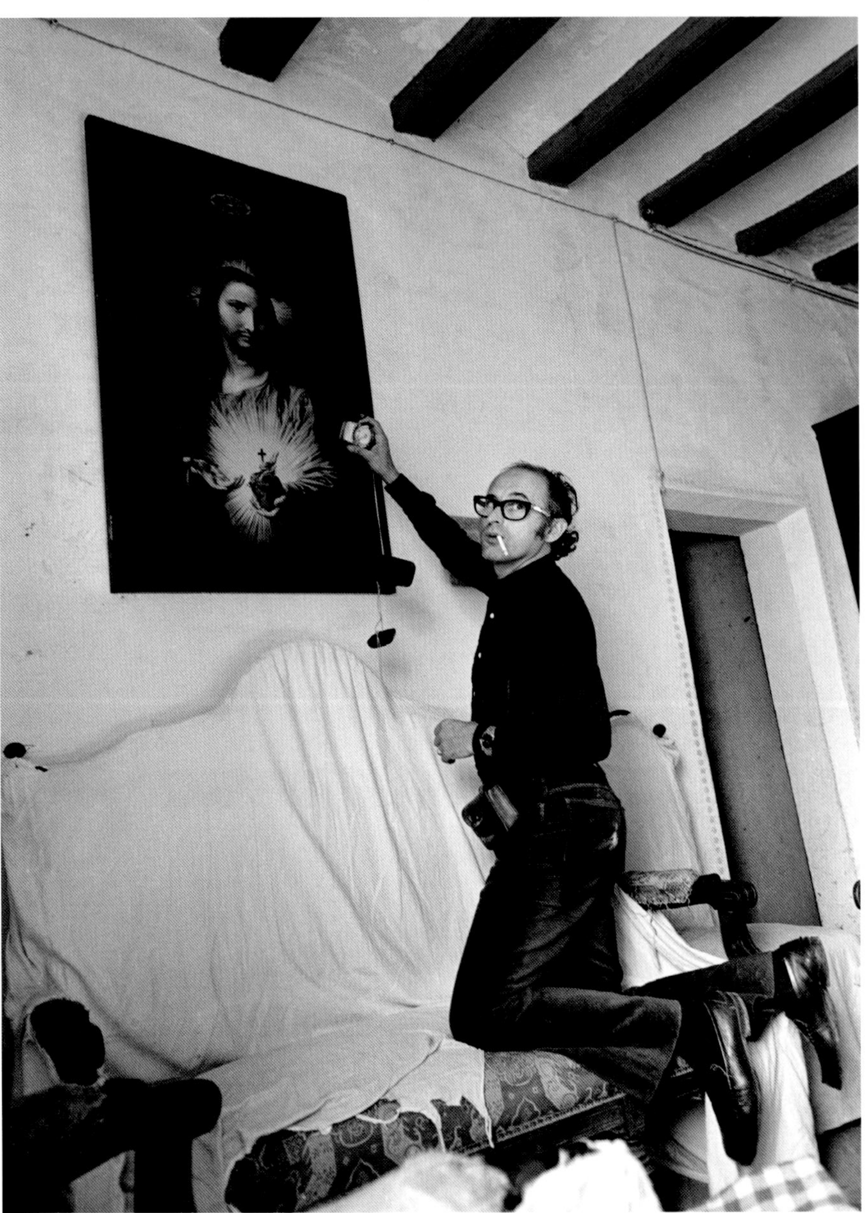

40. Sin título

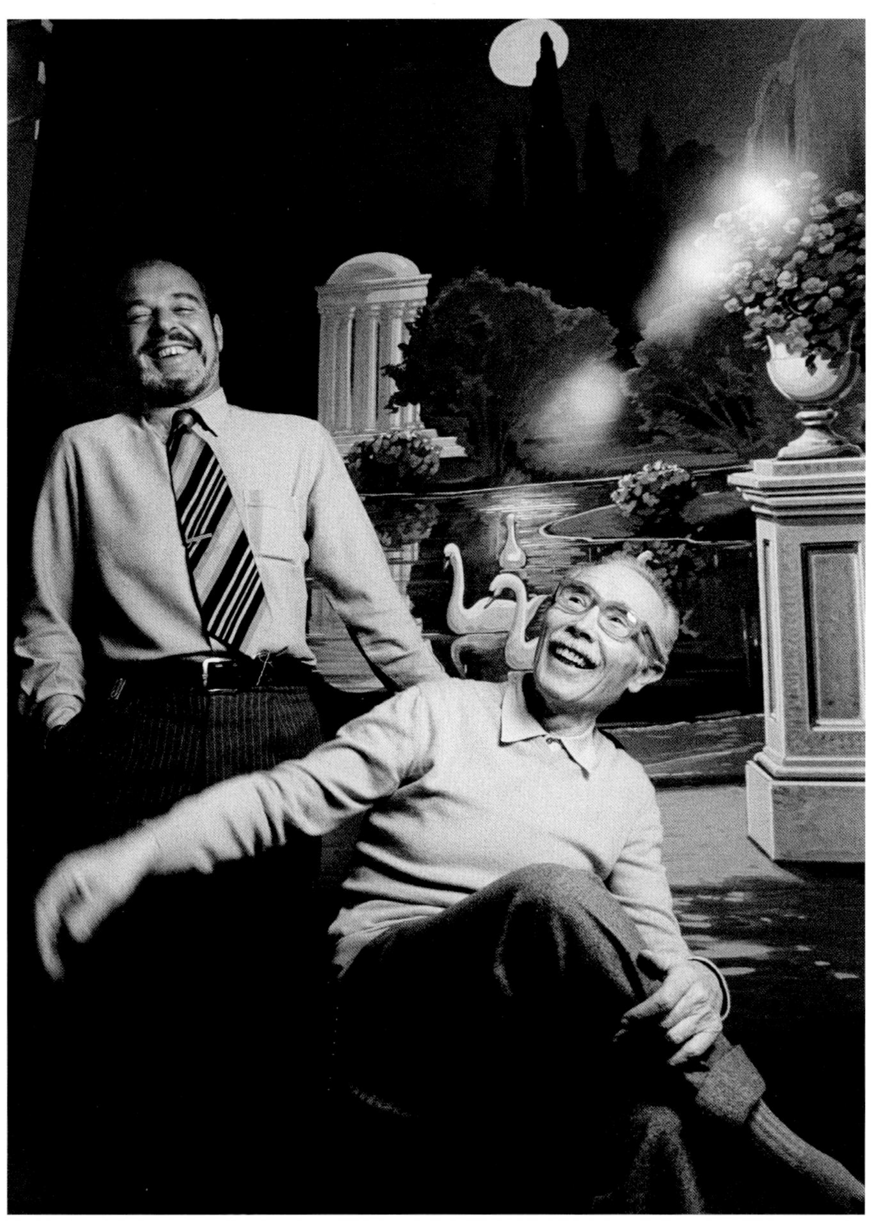

41. Jaime Gil de Biedma y Joan Gil Albert, 1975

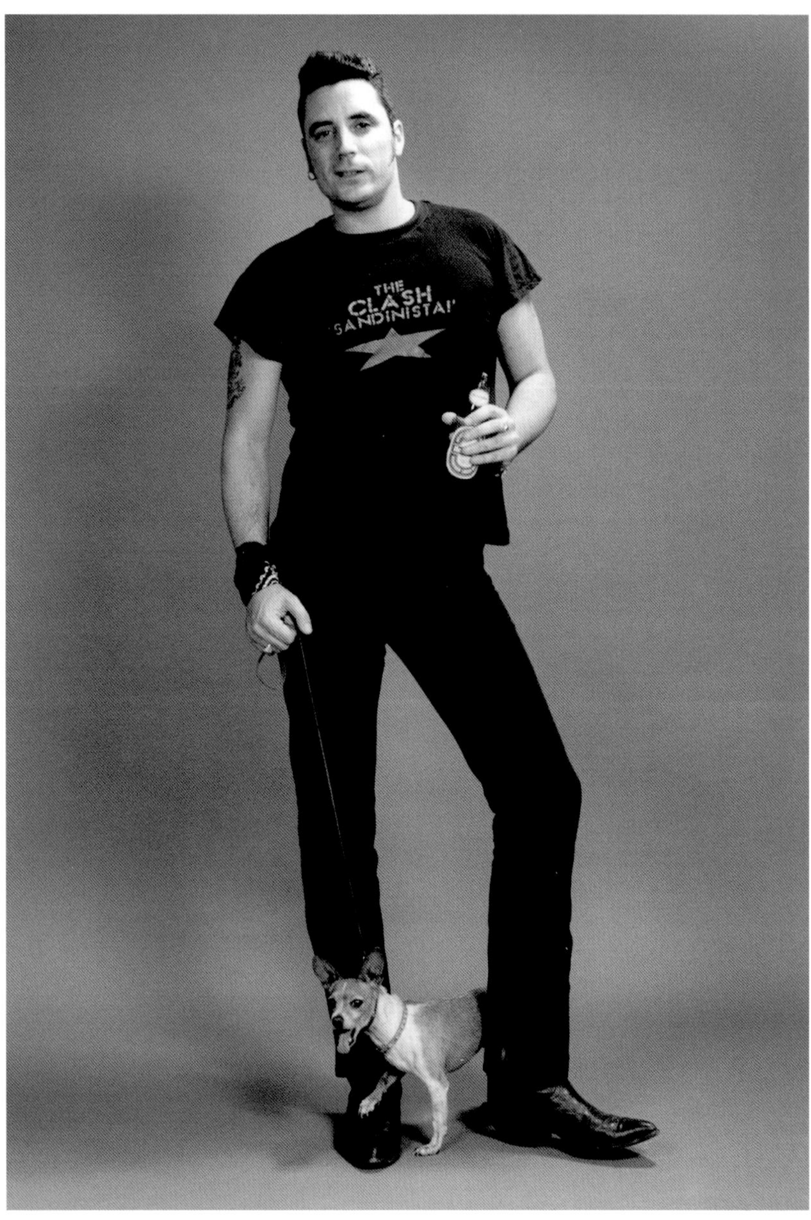

42. Loquillo, 1993

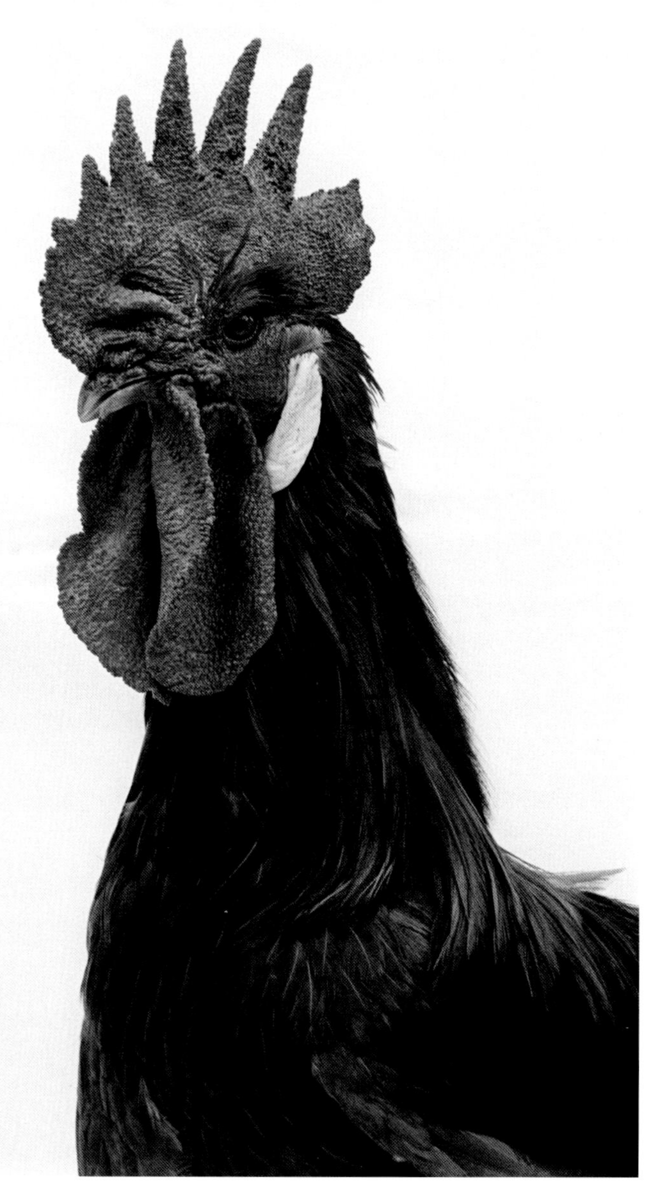

43. El gallo del Prat, 1984

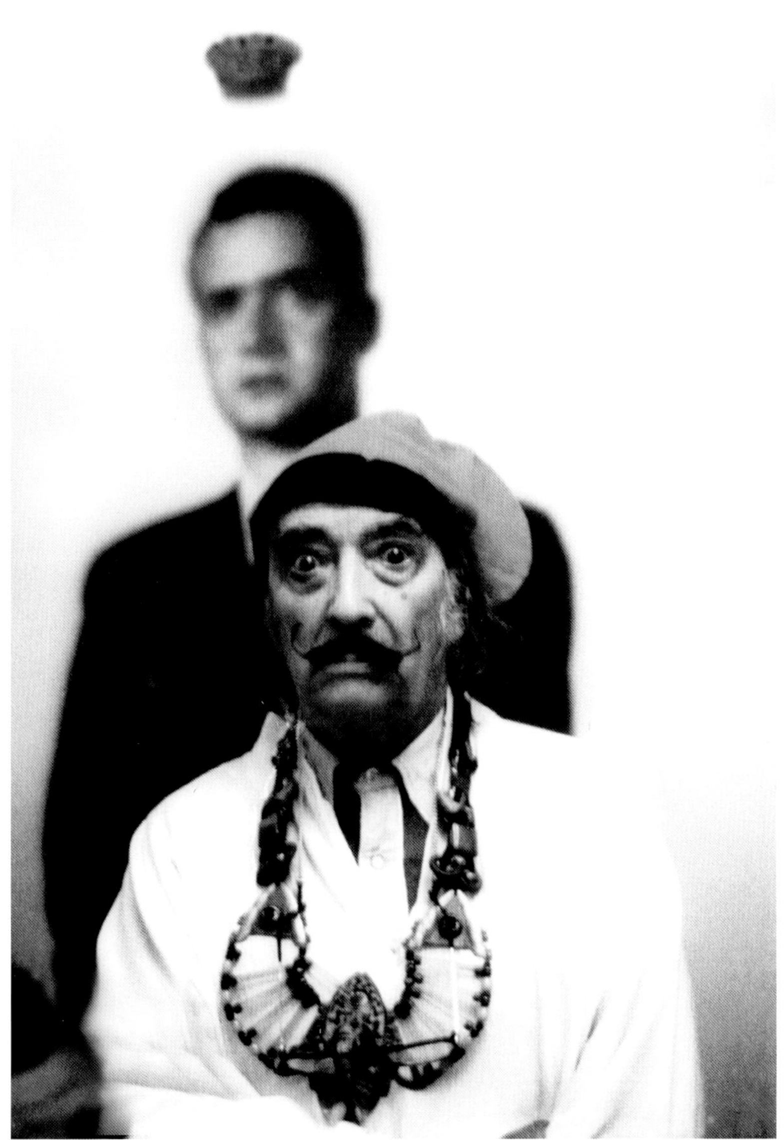

44. Dalí monárquico, 1977

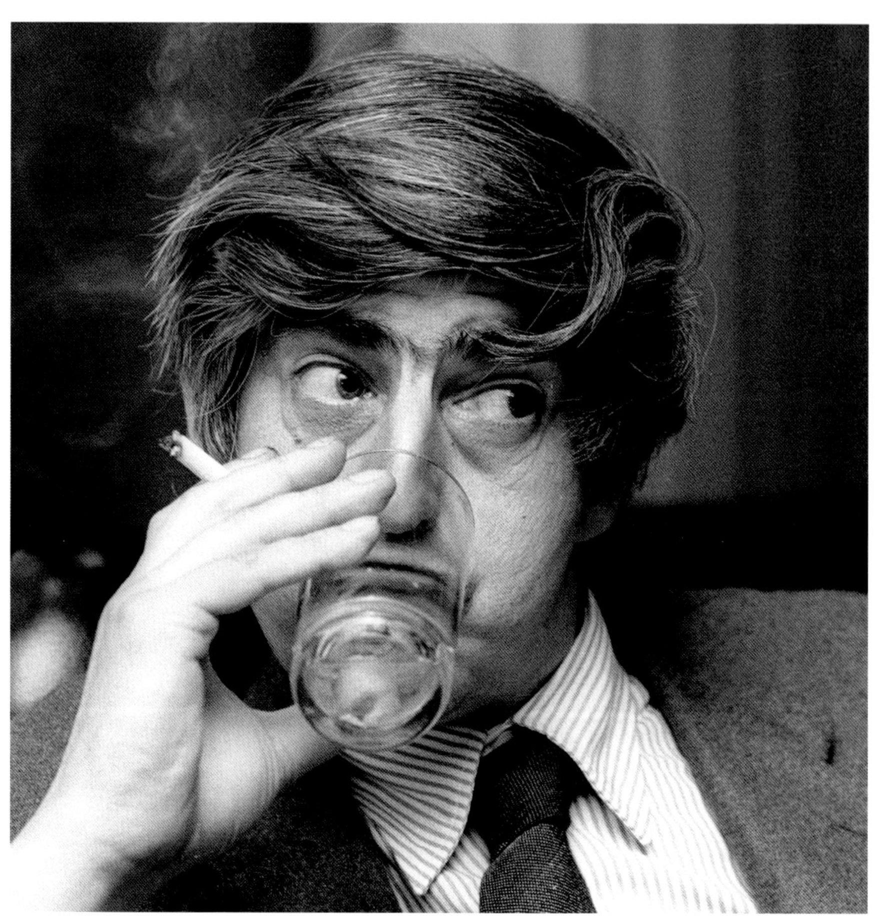

45. Juan Benet, 1973

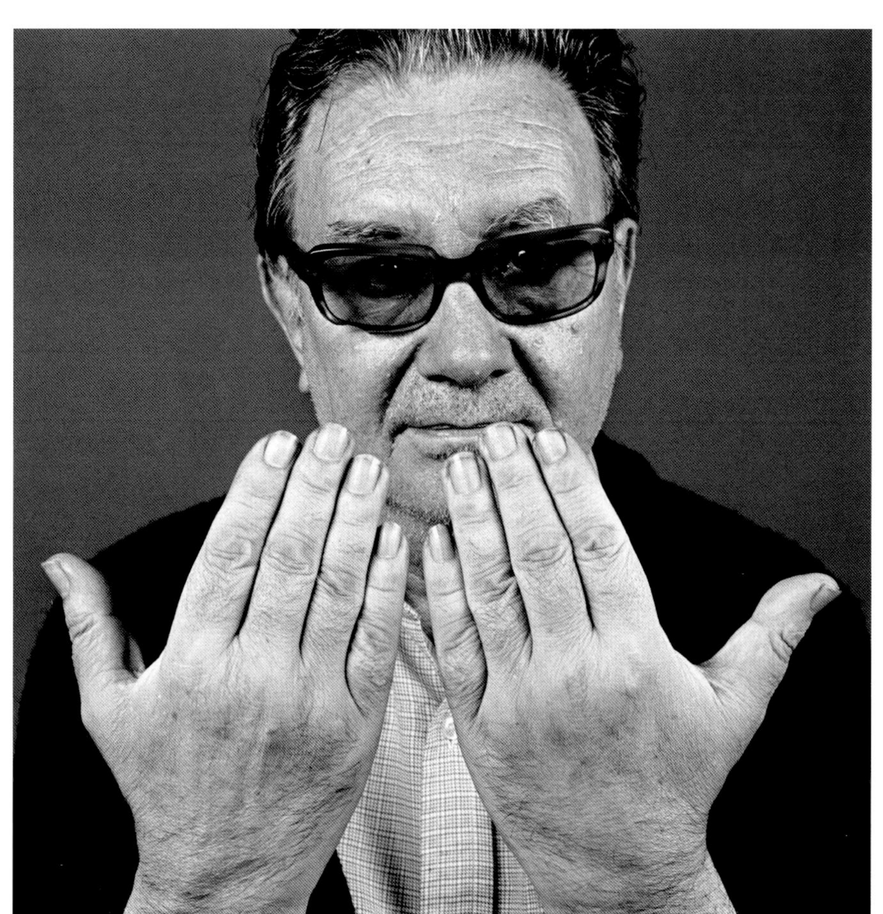

46. Joan Brossa

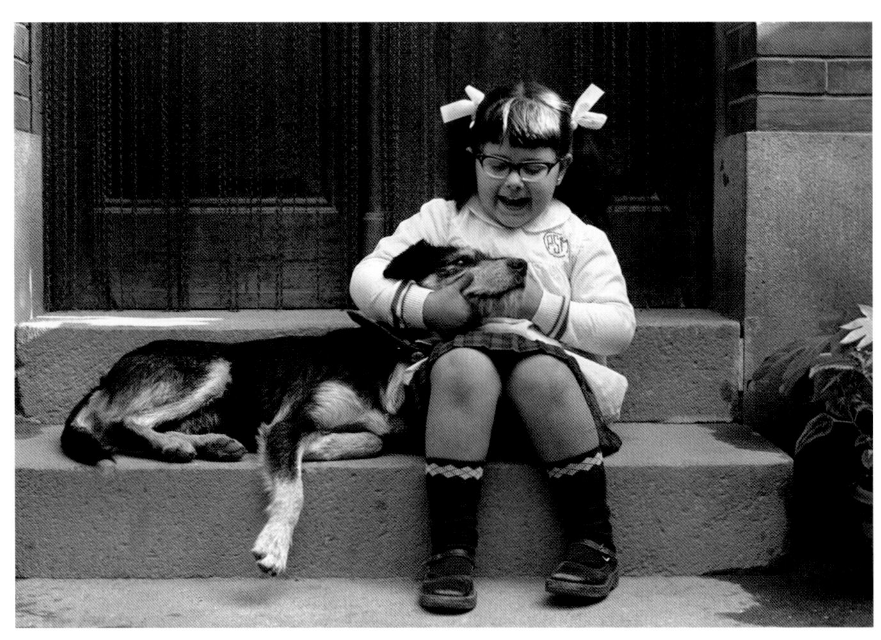

47. Hija de porteros, 1966

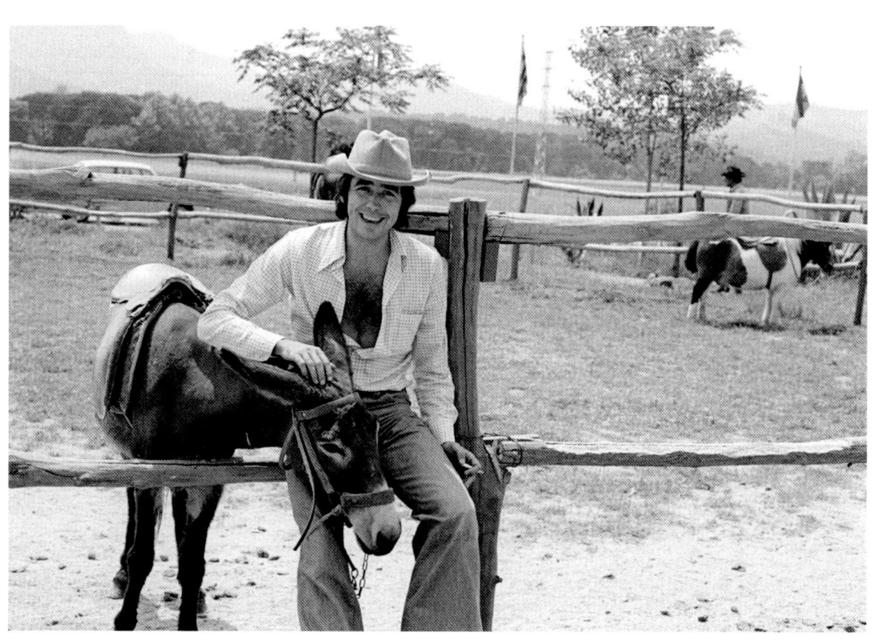

48. Serrat con burro. Costa Brava, 1975

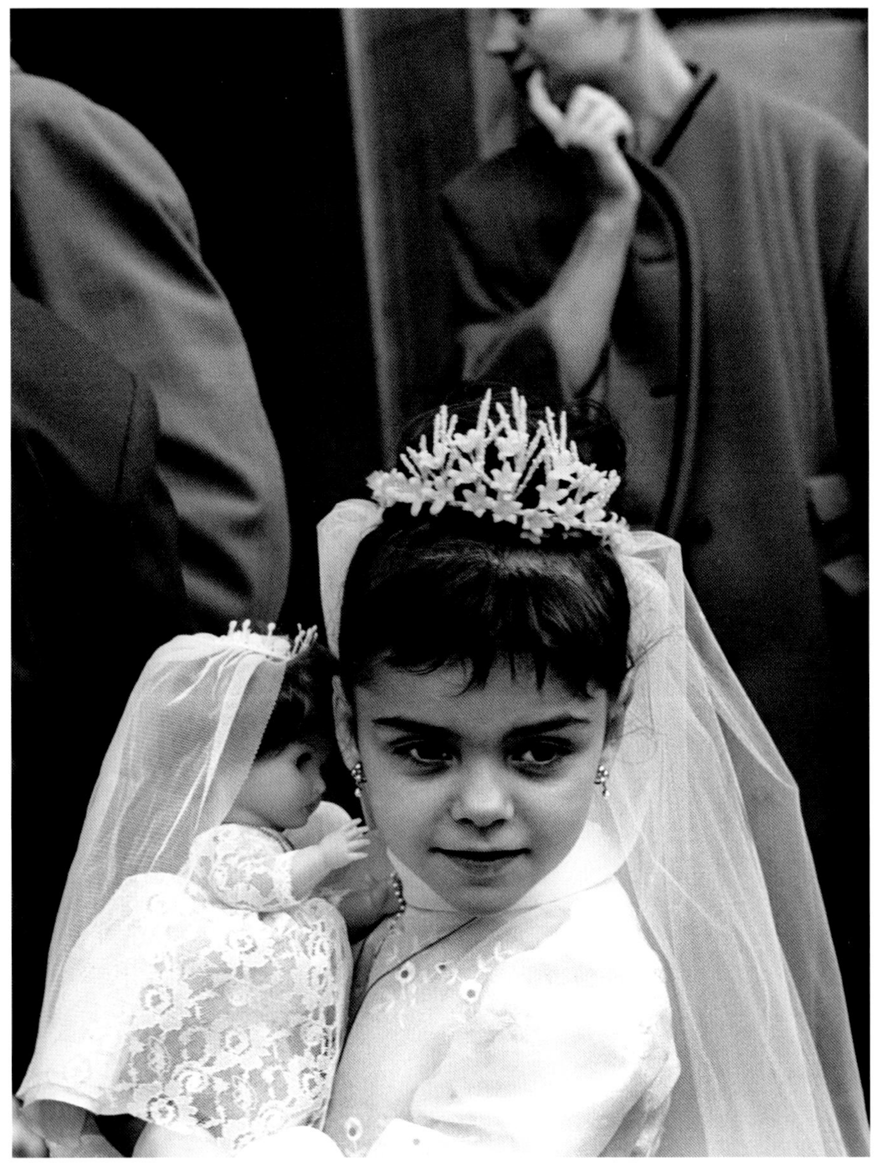

49. Niña haciendo la Primera Comunión, 1963

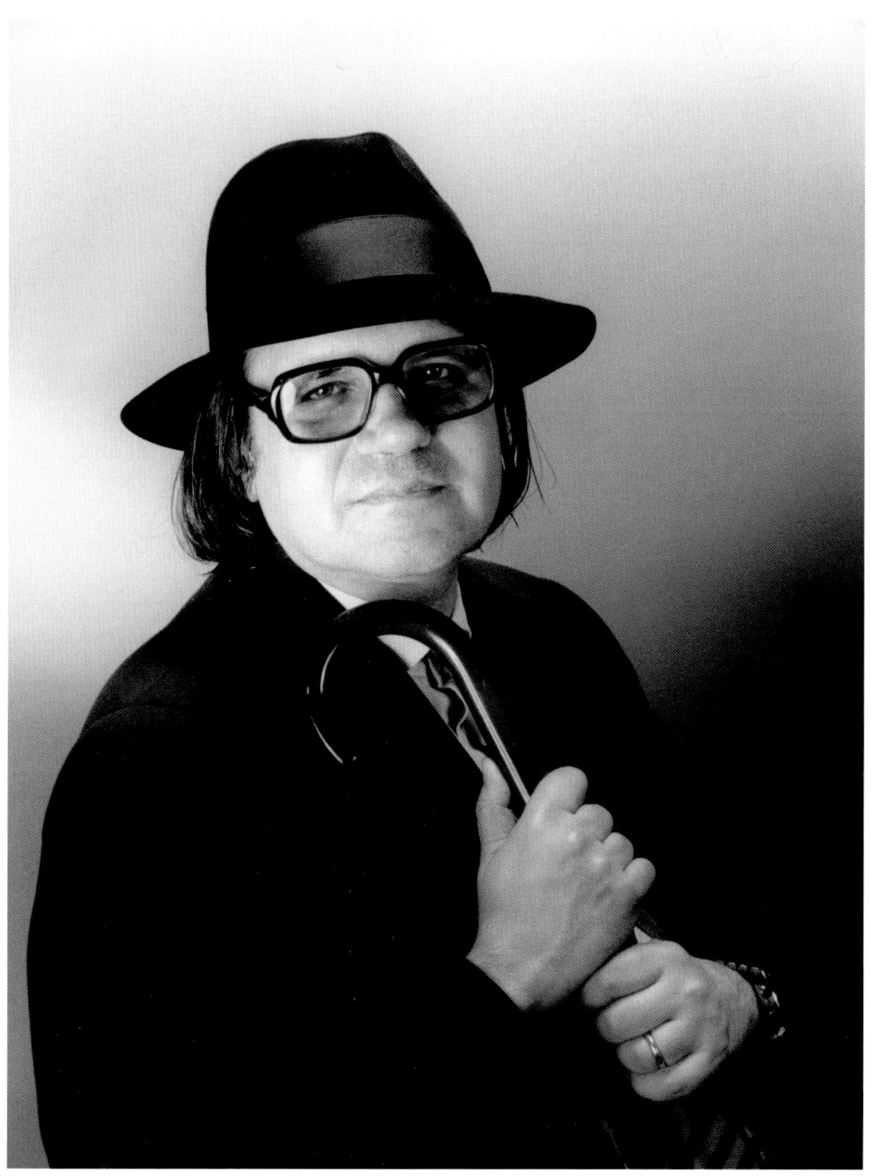

50. Pere Gimferrer, 1996

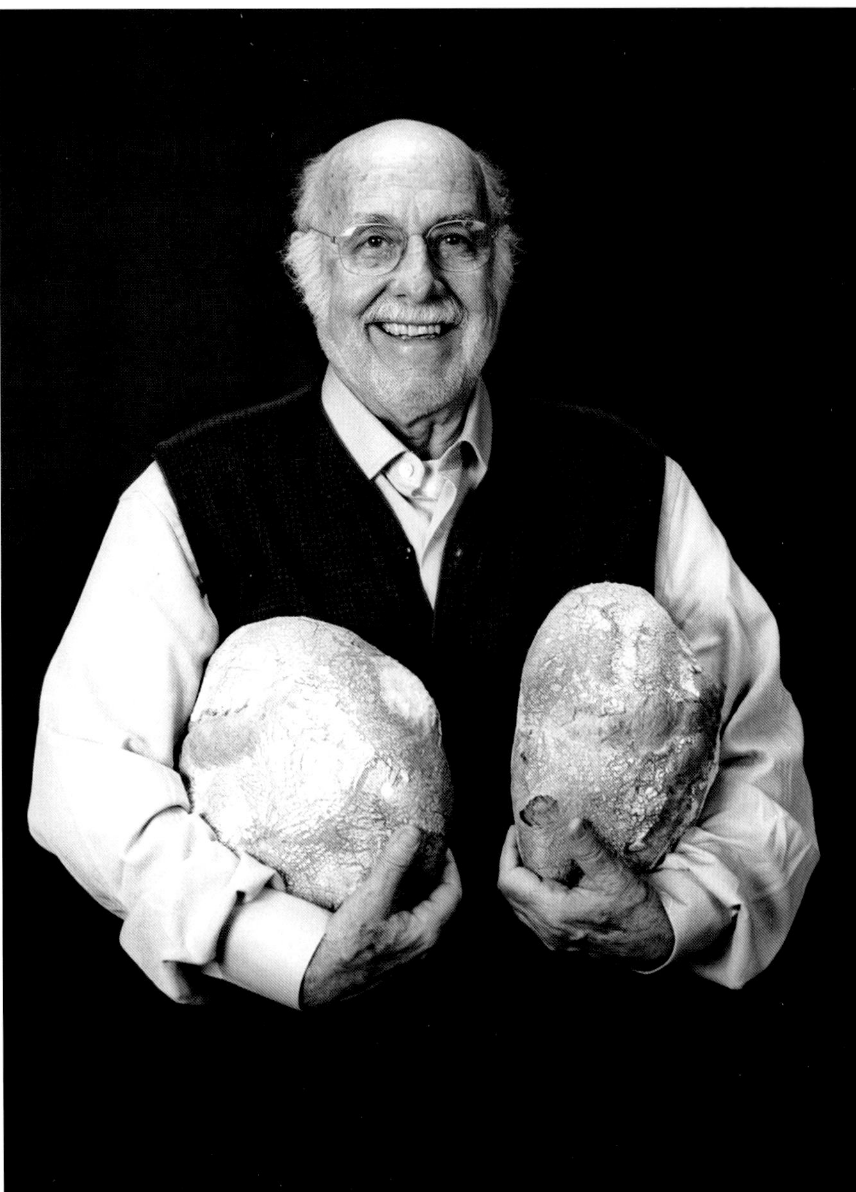

51. Rafael Marquina, 2000

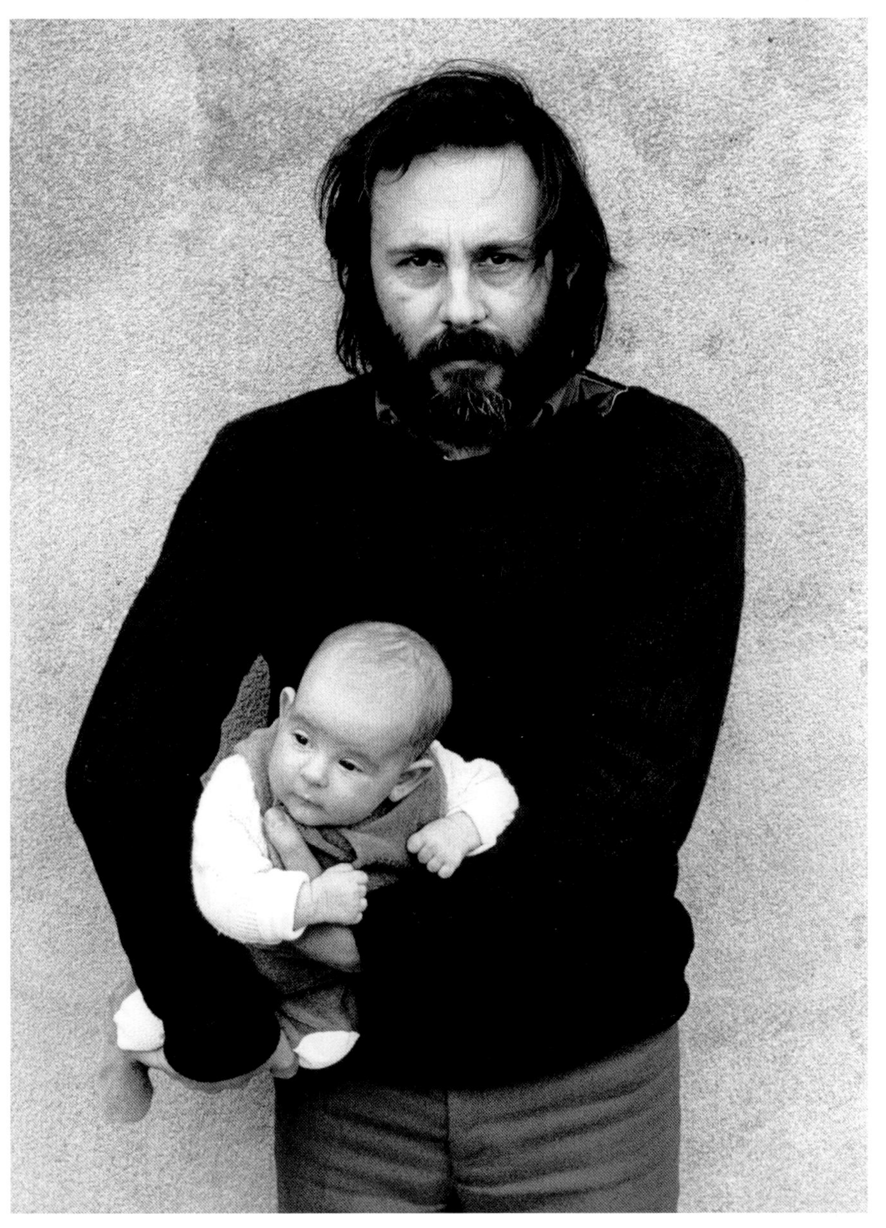

52. Gonzalo Suárez, 1972

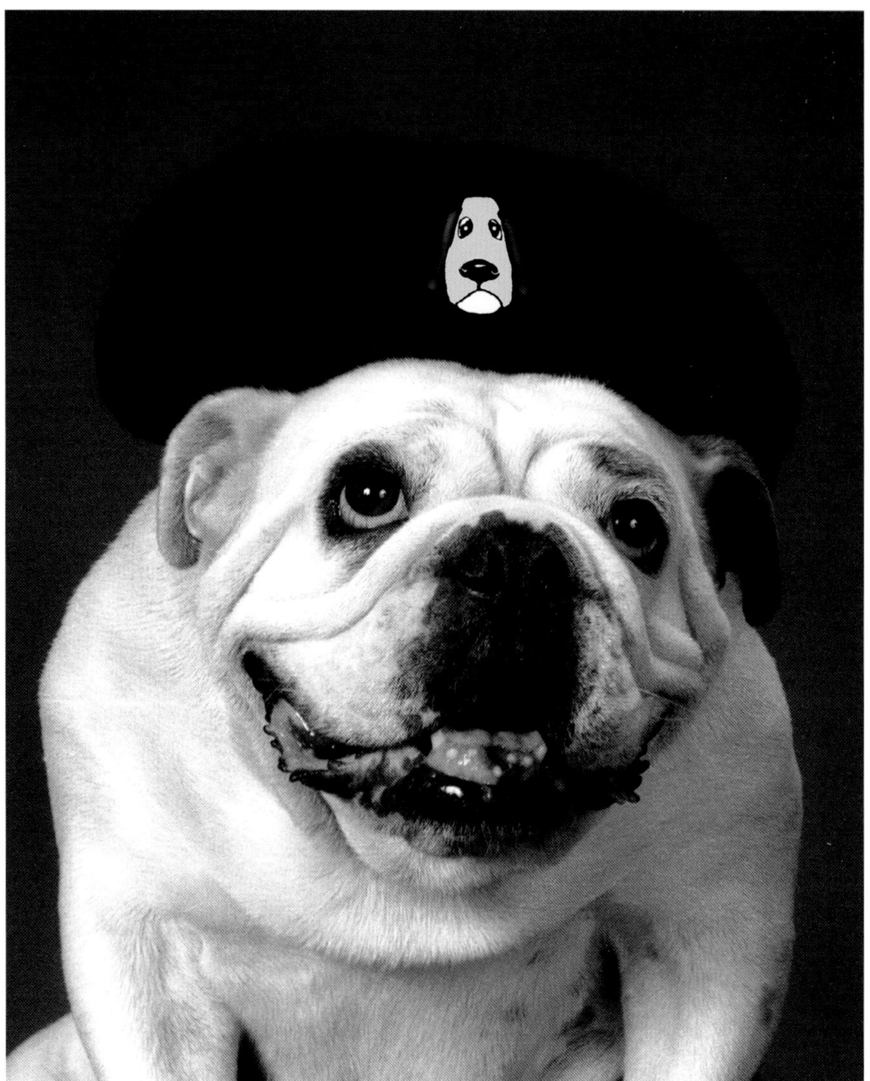

53. Bulldog con gorra, 1994

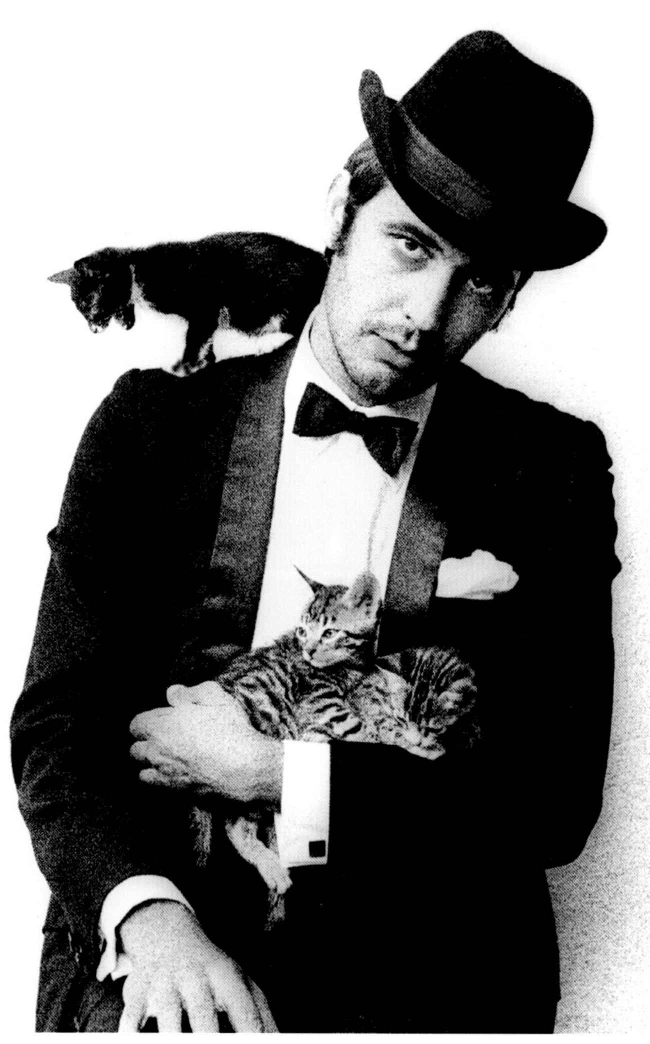

54. Modelo con smokin y gatitos, 1967

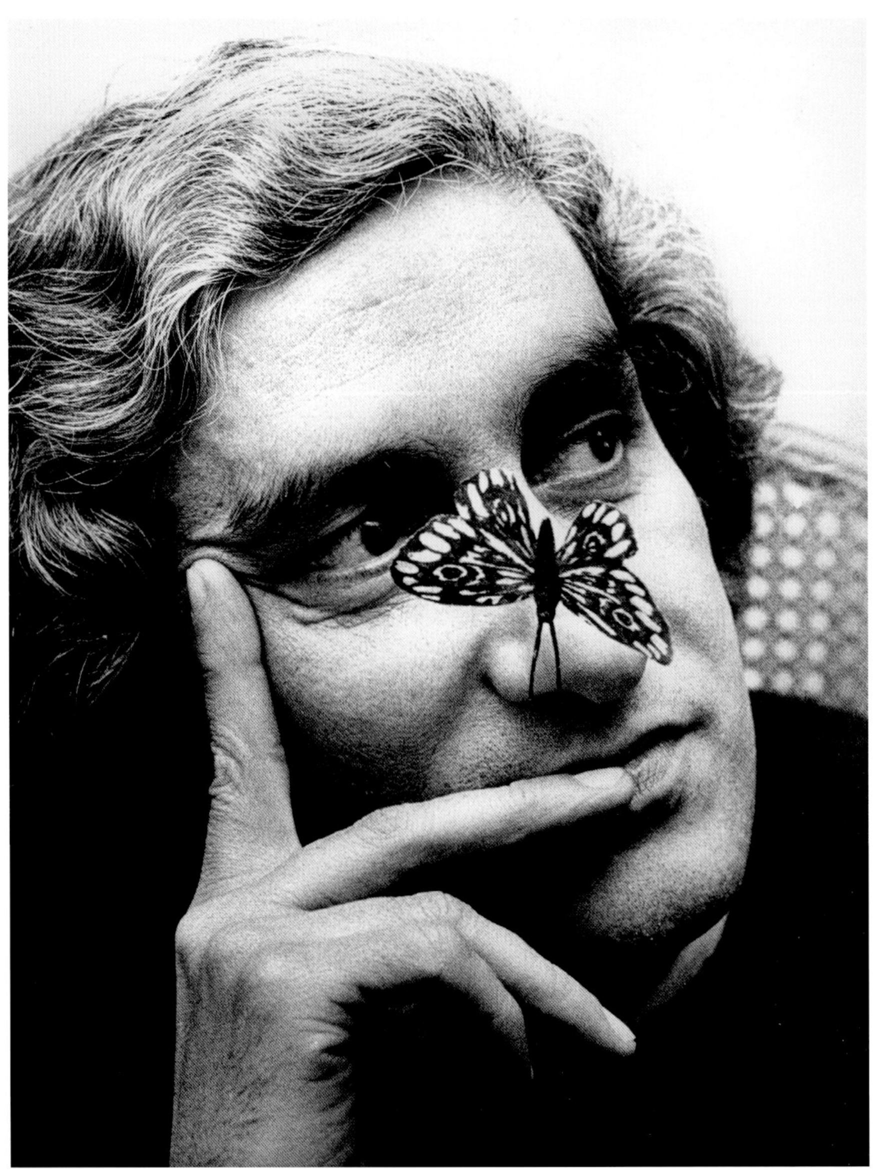

55. Albert Ràfols-Casamada, 1978

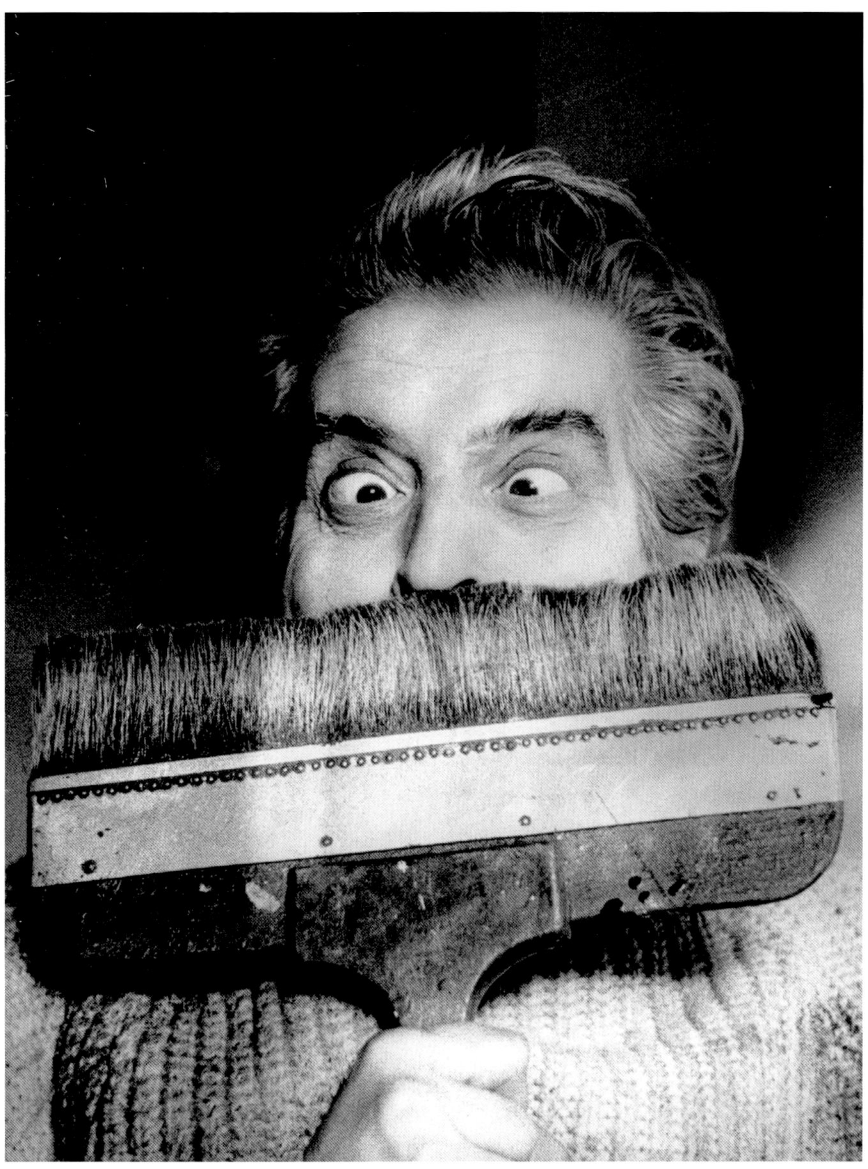

56. Manuel Viola, 1967

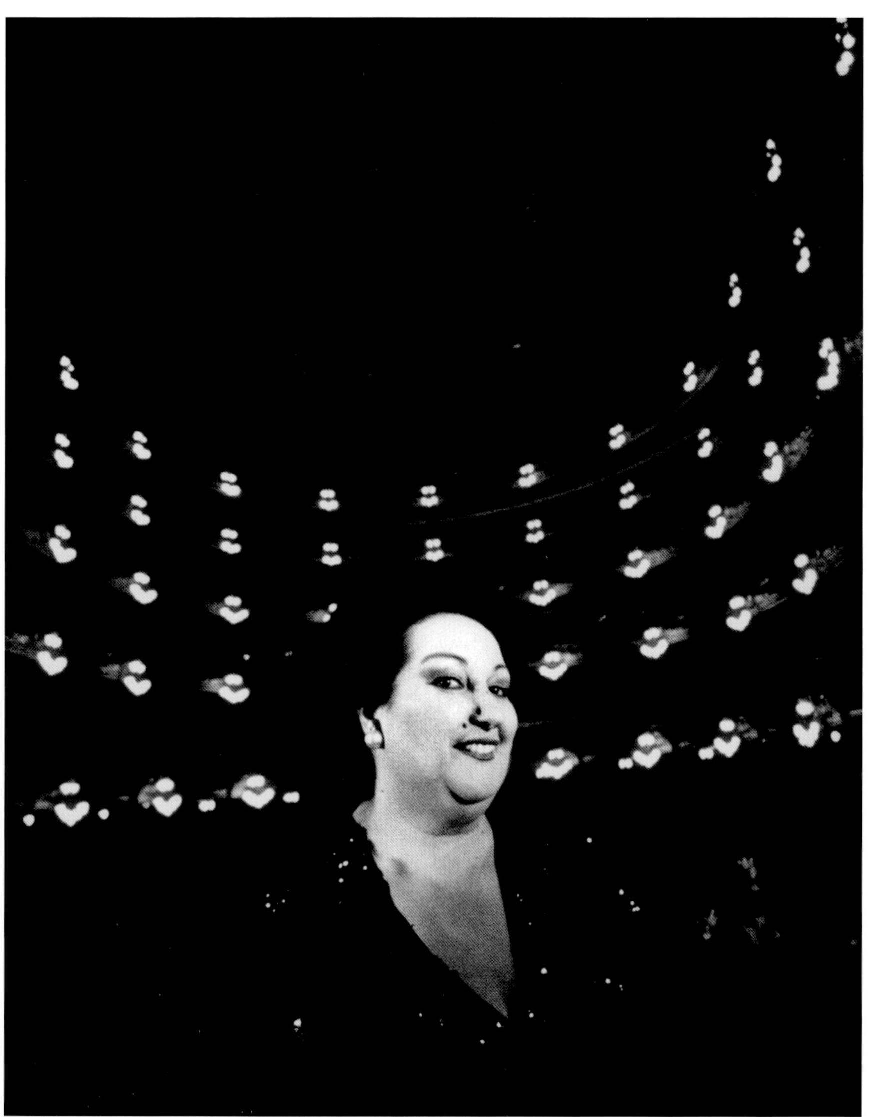

57. Montserrat Caballé en el Liceo, 1993

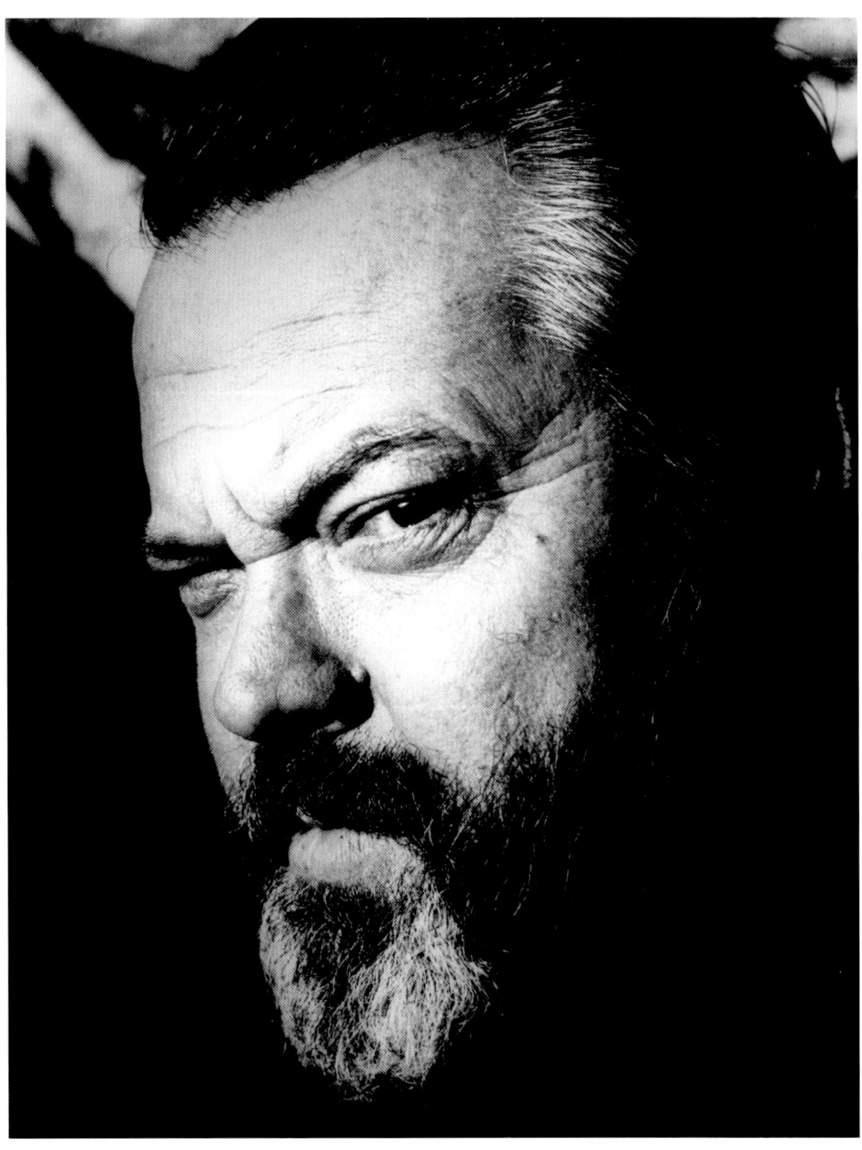

58. Orson Welles, 1964

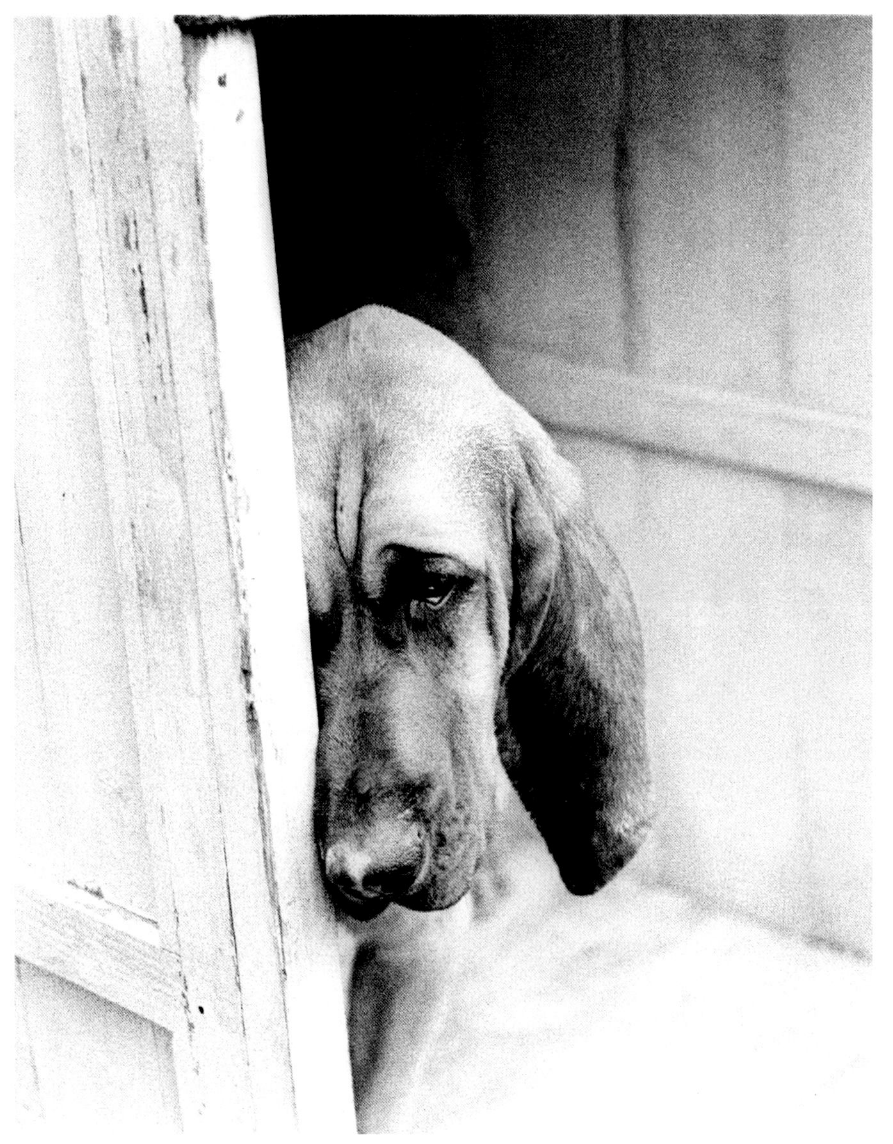

59. Perro triste

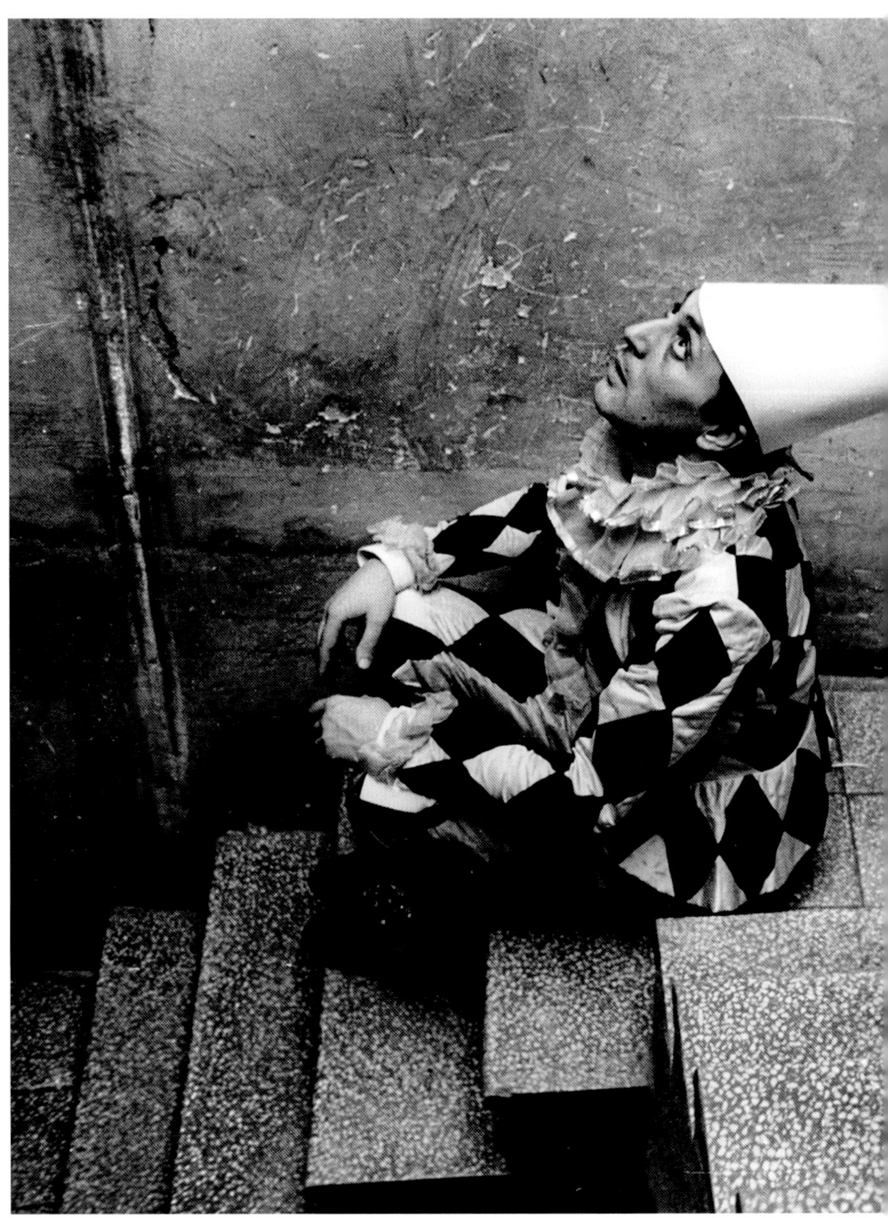

60. Joan Pons, 1968

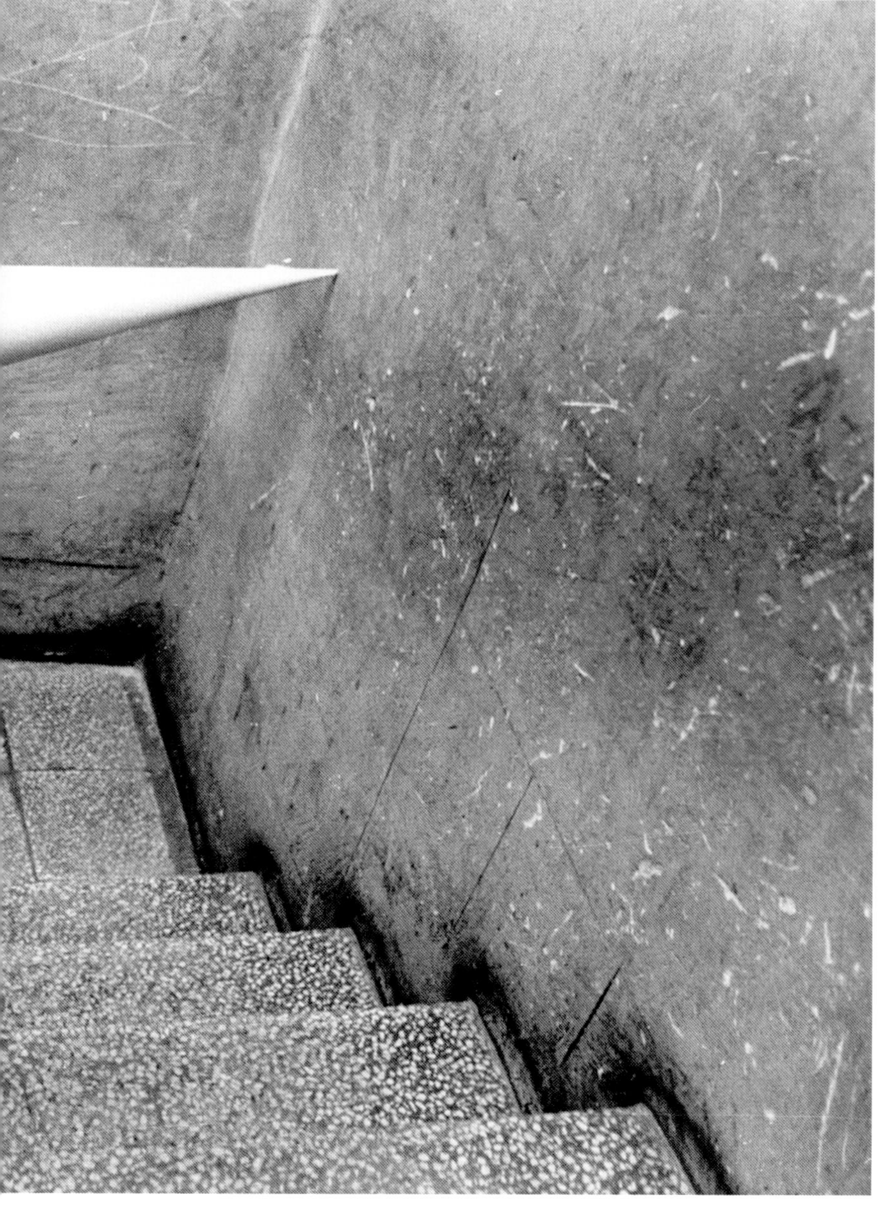

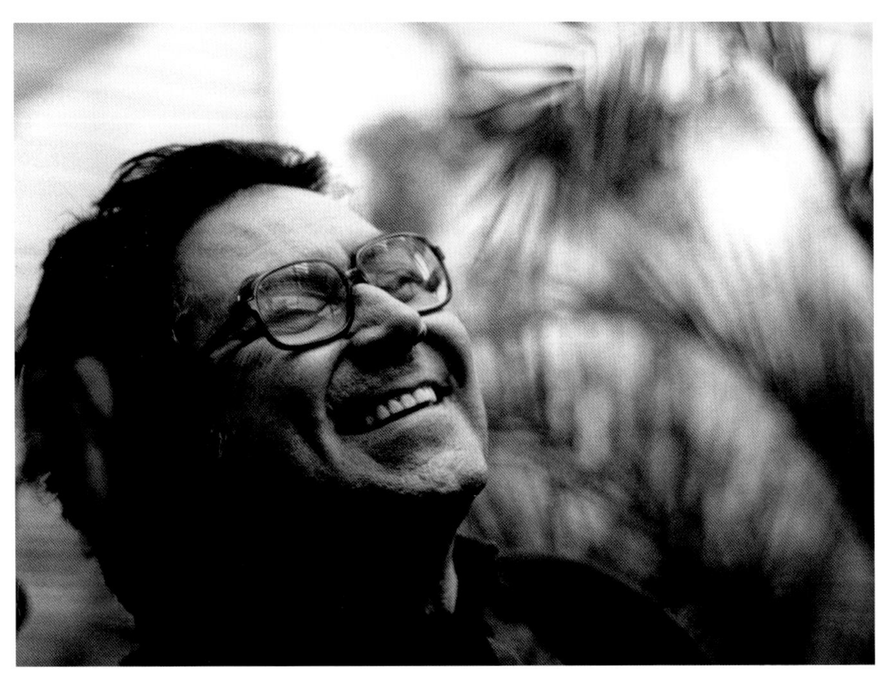

61. Antoni Tàpies, 1976

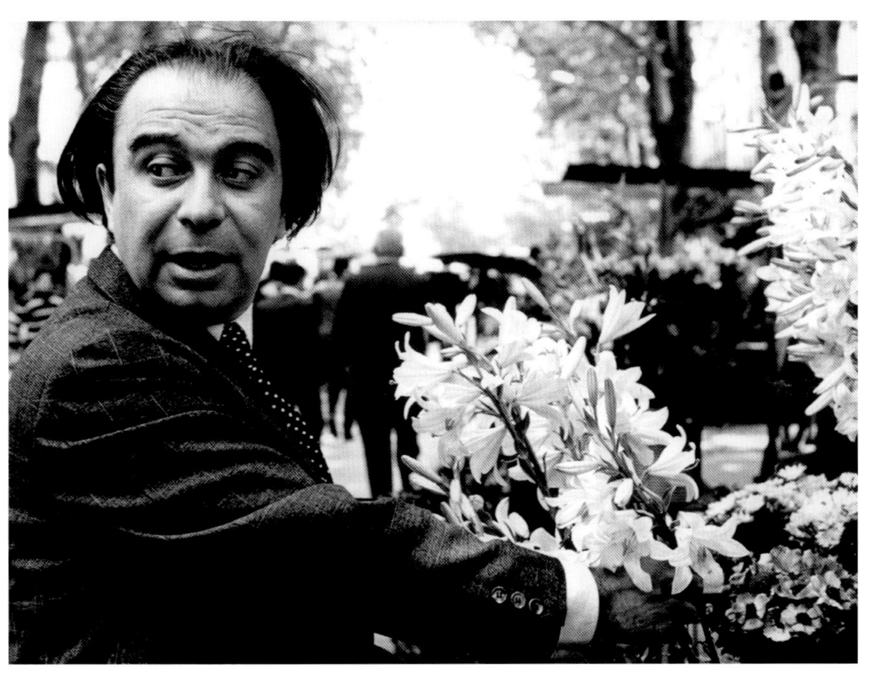

62. Juan García Hortelano, 1970

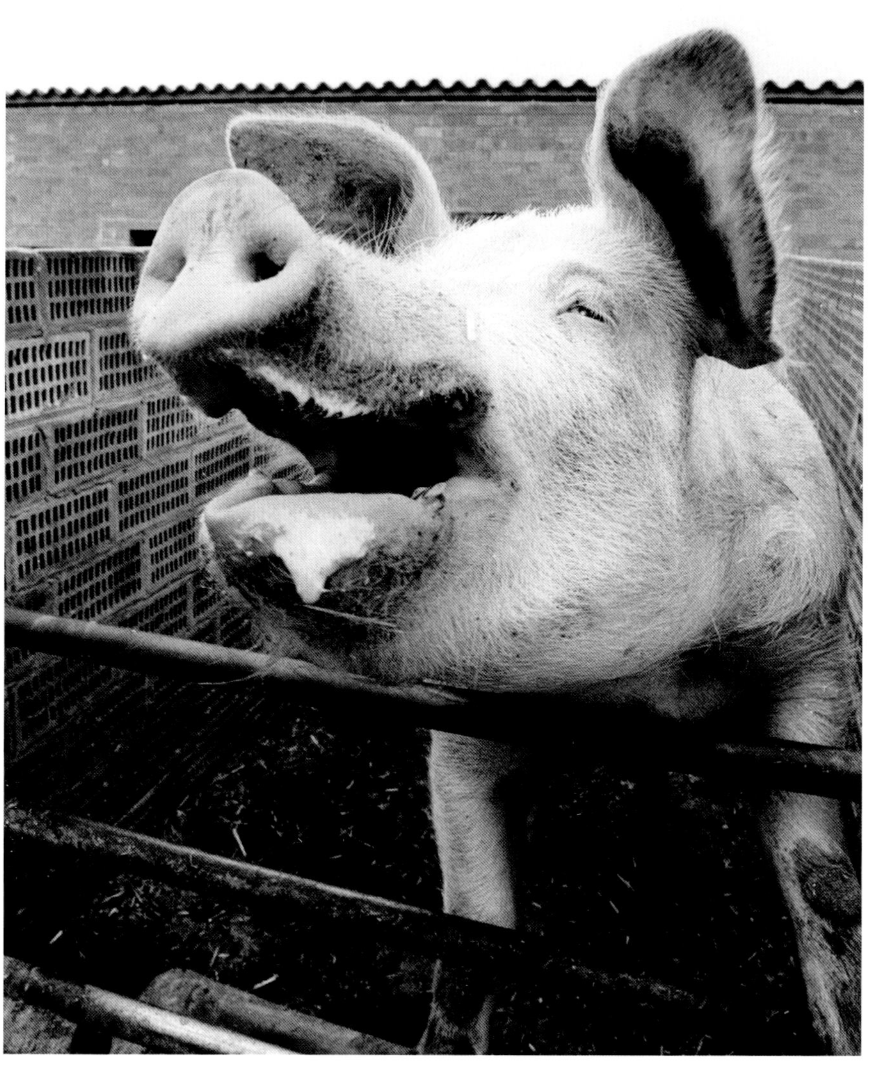

63. Cerdo feliz, 1985

Cronología

1940 Nace en Barcelona, en pleno corazón del barrio del Ensanche.

1961 Trabaja en el estudio de Xavier Miserachs, como laboratorista y estilista.

1962 Se encarga del archivo de personajes de la película *Los Tarantos*, del director Francisco Rovira-Beleta. Conoce a la bailaora Carmen Amaya, su primera clienta.

1963 Se traslada a Madrid para realizar las fotografías de promoción de Antonio Gades y la Chunga. Estas fotografías se editarán luego en el libro *Luces y sombras del Flamenco*.

1965 Regresa a Barcelona y comienza a colaborar con las publicaciones de prensa *Fotogramas*, *Tele-eXpres*, *Mundo diario* y *Destino*, y con directores de cine de la Escuela de Barcelona, como Luis Cuadrado, Juan Amorós y Fernando Arribas.

1967 Realiza la promoción e imagen de portadas de discos y carteles de la discográfica Edigsa. Colabora con el movimiento de La Nova Cançó Catalana, especialmente con Guillermina Motta, Núria Feliu, Joan Manuel Serrat y La Trinca.

1971 La exposición de la Galería Aixelà, con sus retratos de la Gauche Divine, un grupo de intelectuales y artistas de Barcelona, es clausurada por la policía del franquismo dos días después de inaugurada.

1975 Por encargo de Beatriz de Moura, dirige la colección Serie Negra de Tusquets Editor.

1976 Dirige el departamento de fotografía de la revista *Vindicación feminista* hasta su cierre en 1978. Colabora con medios como *Interviú*, *Reporter*, *Cuadernos para el diálogo*, *La calle* y *Boccaccio*, entre otros.

1982 Se especializa en fotografiar Barcelona para documentar su vida cultural y social.

1998 El Ayuntamiento de Barcelona le impone la Medalla al Mérito Artístico, junto a los fotógrafos Oriol Maspons y Leopoldo Pomès.

2004 Obtiene la Creu de Sant Jordi, otorgada por la Generalitat de Cataluña.

2005 Comisaría la exposición *Fotògrafes pioneres a Catalunya*, en el Palau Robert de Barcelona, junto a Mary Nasch del Institut Català de les Dones.

2009 Recibe los premios Joan Reventòs a la Memoria Popular de la Fundación Rafael Campalans; FAD de Honor Sebastià Gasch de Artes Parateatrales y el premio a la Comunicación No Sexista, otorgada por Dones Periodistes.

Exposiciones (selección)

1969 *Mirò otro*. Estudio PER de Arquitectura. Colegio de Arquitectos de Cataluña. Barcelona.

1971 *La Gauche qui rit*. Sala Aixelà. Barcelona.

1980 *10 años en los escenarios de Catalunya*. Festival de Carcassonne. Francia.

1987 *Quatre fotògrafs metropolitans*, junto a Francesc Català-Roca, Oriol Maspons y Xavier Miserachs.

1992 *Querido Jaime* (a Jaime Gil de Biedma). Universidad de Zaragoza.

1994 *Colombia vive*. Ajuntament de Barcelona (itinerante).

1996 *Carmen Amaya. Taranta, agosto, luto y ausencia*, junto a Julio Ubiña. Encuentro de Artistas Plásticos Españoles. Ginebra.

1997 *Flamencs*. Palau de la Virreina. Ajuntament de Barcelona.

1999 *El Serrat de Colita*. Ajuntament de Cornellà (itinerante).

2004 *Dona Atles, conflicte a Colòmbia* (en colaboración con Acnur).
L'Hivernacle del Parc de la Ciutadella. Barcelona (itinerante).

2007 *Exposició de fotografies Brossa - Colita*. Fundació Joan Brossa. Barcelona.

2009 Retrospectiva. Efti. Madrid.
Prohibido el cante. Flamenco y fotografía. Centro Andaluz de Arte Contemporáneo. Junta de Andalucía (itinerante).

Bibliografía

1972 *Habanera*, con texto de Ana María Moix. Barcelona.
24x24, con texto de Ana María Moix. Edicions 62. Barcelona.

1973 *Una tumba*, con texto de Juan Benet. Tusquets Editor. Barcelona.
Luces y sombras del Flamenco, con texto de José Caballero Bonald. Tusquets Editor. Barcelona.

1977 *La antifémina*, con texto de María Aurelia Capmany. Editora Nacional. Barcelona.

1981 *Els cementiris de Barcelona*, con Pilar Aymerich y texto de Carmen Riera. Edhasa. Barcelona.
El ensanche de Barcelona, con texto de José María Carandell y Pilar Aymerich. La Caixa de Barcelona.
Tretze que canten, con texto de J.M. Mainat. La Caixa de Barcelona.

1987 *L'anoia*. Serveis de Publicacions de la Diputació de Barcelona.

1988 *El zoo de Barcelona*. Publicación del Ayuntamiento de Barcelona.

Dialegs a Barcelona, con Xavier Miserachs. Ajuntament de Barcelona.

La creaciò del mon, con texto de Patricia Gabancho. Institut Teatre de la Diputació de Barcelona.

Els barcelonins, con Oriol Manspons y Xavier Miserachs, y texto de Ana María Moix y Terenci Moix. Edicions 62. Barcelona.

1989 *Las masíes del Prat*. Ajuntament del Prat de Llobregat. Barcelona.

La silla Lola, con Manel Esclusa. Okan. Barcelona.

1990 *Catalunya, un gran mercat*. Mercabarna. Barcelona.

1991 *Nuria Feliu, 25 anys*. Generalitat de Catalunya. Barcelona.

Cornellà, una ciutat. Ajuntament de Cornellà.

Amigos, con Pilar Aymerich y textos de Ana María Moix y Marta Pessarrodona. Fundación Purina. Barcelona.

1992 *15 dies d'euforía. (Las Olimpiadas de Barcelona)*, con Oriol Manspons y Xavier Miserachs, y texto de Lluis Permanyer. Ambit. Barcelona.

1995 *Cornellà, la passió y el desig*, con Evaristo Benítez. Antonio Valero Grafics. Barcelona.

29 municipis i un riu, con texto de Ana María Moix. Consell Comarcal del Baix Llobregat.

Historia de la cerámica española, con Oriol Maspons y texto de Trinidad Sánchez Pacheco. Balmes. Barcelona.

1996 *Crónica apasionada de la Nova Cançó*, con texto de Jordi García Soler. Flor del Vent. Barcelona.

1998 *Portuarium*, con Oriol Maspons, Xavier Miserachs y Lluis Permanyer. Puerto de Barcelona.

L'Hospitalet, con texto de Ana María Moix. Ajuntament de L'Hospitalet. Barcelona.

Sant Andreu, con texto de J.M. Huertas Clavería. Districte de Sant Andreu. Ajuntament de Barcelona.

1999 *Carmen Amaya 1963. Taranta, agosto, luto y ausencia*, con Julio Ubiña y textos de Ana María Moix y Francisco Hidalgo. Focal. Barcelona.

El riu que veia passar els trens. Texto de Patricia Gabancho. Barcelona Regional. Barcelona.

Barcelona, dona d'aigua. Ajuntament de Barcelona.

Ajuntaments democràtics a Catalunya, con Paco Elvira. Diputació de Barcelona.

2000 *La Gauche Divine*, con Oriol Maspons y Xavier Miserachs. Editorial Lunwerg. Barcelona.

2002 *24 horas con la Gauche Divine*, con texto de Ana María Moix. Lumen. Barcelona.

Castelldefels tot l'any, con texto de Ana María Moix. Ajuntament de Castelldefels.

El riu de l'hivern. Consell Comarcal del Baix Llobregat.

2003 *Els interiors d'illa de l'eixample*, con texto de Lluis Permanyer. Proeixample, Ajuntament de Barcelona.

Sinmisterios del flamenco, con Manuel Lorente Rivas. Diputación de Granada.

2004 *Cornellà, una ciutat*. Ajuntament de Cornellà.

2006 *Piel de toro*. Edhasa. Barcelona.

Mirades paral·leles. Museo d'Art de Catalunya. Barcelona.

2007 *Luces y sombras del flamenco*. Reedición ampliada. Fundación Lara / Sevilla. Planeta.

Sant Climent de les Cireres. Ajuntament de Sant Climent de Llobregat.

2008 *Memòries de Barcelona*, con Xavier Miserachs y textos de Oriol Bohigas, Teresa Gimpera, Ana María Moix y Beatriz de Moura. Lupita Books. Barcelona.

Obra en museos y colecciones

Museo Nacional d'Art de Catalunya (MNAC).
Fundación Rafael Alberti.
Fundació Joan Brossa.
Arxiu Municipal de Barcelona.
Fundaciò Campalans (PSC).
Arxiu Nacional de Catalunya.
Institut del Teatre de la Generalitat de Catalunya.
Filmoteca de la Generalitat de Catalunya.
Fundació Elsa Peretti.

Laura Terré

Su trabajo académico se ha centrado en el estudio de fotógrafos españoles como Carlos Pérez Siquier y los miembros del Grupo Afal. Doctora en Bellas Artes, especializada en Teoría e Historia de la Fotografía, ha publicado importantes monografías como *Ricard Terré: la intensidad* y *Carlos Pérez Siquier: el hombre apostado a una pared de cal*. Dirige el Centro de Fotografía Documental de Barcelona.

Her academic research has focused on the study of Spanish photographers such as Carlos Pérez Siquier and the members of the Grupo Afal. She holds a doctorate in Fine Art, having specialised in the Theory and History of Photography. Terré has published important monographs such as *Ricard Terré: la intensidad* and *Carlos Pérez Siquier: el hombre apostado a una pared de cal*. She directs Barcelona's Centre of Documentary Photography.

I Am Not a Mirror!

Laura Terré

Colita has moved to the Sants neighbourhood. I am getting late as I roam the streets in my car trying to park. This new location seems perfect for her because in spite of her cosmopolitan nature and always transgressive discourse, Colita is a small-town girl. She can make everything seem too simple. And in reality it is. But, no matter how often she makes us laugh, this ease and simplicity should not conceal her depth and rigour. Her work is extensive in all senses, covering almost 50 years of history and all the genres that can be practiced by photography understood as culture. It is a work with no manifesto, free of gurus, methods and teachers, the tenacious conquest of a creator with no religion. "We agnostics," she says, "have no choice but to build our own morality and since this is painful and hard to do, we are forced to be much stricter." Because in spite of her liberated lifestyle and completely clear language, Colita's good judgment always lies in wait in order to condemn any misinterpretation that may be made of her work. Perhaps what could revolt her most would be the undue appropriation of her images to satisfy private interests or flags of any colour whatsoever. She is a constant defender of her photographs' freedom – and not only of authors' rights, for which she was a groundbreaker in Spain. A pitiless protector, she bares her tiger teeth, as she says, when faced with stupidity and injustice. Nonetheless, she is driven by a huge heart capable of recognising all that good in human beings without ever differentiating by class, role, position or gender. And even more, her solidarity with life makes her able to see a soul in the eyes of animals – dogs, cats and bulls – and within a humble learning process, interpret the greatness of their– irrational – freedom of senses and joy of living, indifferent to human prejudices, power and ideologies. Colita's work is an *Ode to Friendship* ranging from the most intimate, confidential viewpoint to the most mischievous and liberating. Her plain language is pure intelligence and in her photos we find no stylistic trace characterising her production other than fresh, spontaneous humour. Her virtuosity in humour is outstanding and a tool she uses to inspire empathy. Her models immediately join in her game and this sensation will be eternally conveyed without any possible expiration to those observing her portraits in the centuries to come. Because just as museum guides tell us how the gaze of a good portrait follows us if we change our position within the room, Colita's photographs have the extraordinary ability to make us laugh no matter what subject, situation or character is portrayed. Her humour follows us throughout her work, and any of her photos can confirm the truth of the saying she always uses to analyse her photographic work, "The only thing I have done is whatever I wanted to do in order to have a good time. My luck has been that I was allowed to do this and to top it all, I have earned my living."

Her home is in one of the older houses in the neighbourhood, but the façade has been reformed with very up-to-date design details, including one outstanding small and simple one that marks the difference and summarises what I have just said. Colita makes no gesture without humour. Beside her door an enamelled iron plaque, similar to the old ones that used to indicate the access to public toilets or the service entrance, announces laconically: "Colita, photography". She is waiting for me in front of her computer. She has taken the appointment seriously and prepared her texts (her curriculum and writings) and printed them, stapling each separately and sticking on her copyright. Only one resists her and she jokes about machines, the obligation to be up to date on all of this and on how badly she accomplishes this. The space in her office is in order and shows details of a feminine yet unconventional taste. There are some framed photographs from the family album on the walls, particularly of friends, and many small paintings with dedications, one of them by Miró. At one point in our conversation, she emphasises her interest in painting and the number of painter friends she has. Nonetheless, she cannot bear having things get confused: photography has to continue being photography.

"Where shall we start," she asks. "At the end," I reply. "Well... you should know that I am almost totally retired. I don't make any photos other than of my dogs and cats, but I have gotten involved in something that is really outside my line of business. I am trying to gather together all the women photographers born up until 1940: photography's pioneers. Looking at histories of photography, you might think that there were practically no women photographers, but with my work I show that actually no one has taken the time to look for them." My attention is drawn to the critical yet equidistant position of her selection of photographers: it has nothing to do with "anything goes just because you're a woman," or "I only choose you because you resemble me." The treasure found in her research is the deep analysis she has imposed on herself free of filters or censorship. She, a humble woman of iron, is surprised when I say that the importance of her legacy will not be due to the hours she has spent as a bookworm, but to the critical judgment lent by her gaze, which reveals genius and personality and to her replies to the disturbing questions posed by these photographic works – whether they be fashion, reportage, art or domestic life – produced by the six hundred pioneers of universal photography whom she has united to date. She picks up an alphabetical notebook filled with Post-its and pasted cuttings. I turn the pages rapidly to find that there is almost no space left. It is her thesaurus, her database of the more than five hundred books she has collected by women photographers.

Colita also shows me her handcrafted memoirs covering her childhood and youth in which the opening quotation is a phrase by the American writer and feminist Erica Jong: *Memory turns us into human beings*. And that's the way it is, because for her photography's notarial record implies showing the human factor constant in our acts and surroundings. Photography is and will always be a cultural phenomenon that helps us to create community in memory, not just a machine's photochemical record. "I am not a mirror!" she declares emphatically in order to clarify her expressive and discursive intent to those who think that documentary photography is something less than art for the mere fact of being objective. Beyond the changing reflection of a mirage for the press, Colita has built memory in order to leave questions in the future, in order to pay tribute to the life and character of her contemporaries – her friends – and avoid their being forgotten, not their names, which will always be stored in writing on the dead or yellowing pages of chronicles or the mournful rectangles of obituaries, but the living image of their best moments shown in the shine of their supportive gazes and the width of their smiles.

I notice that it bores her to have to make a genealogy of her photographic vocation. The official story goes that she began to make photographs when she met photographer Oriol Maspons in 1958, but in her private biography she reveals that she always was a photographer. "Actually there were my *first* photos: Papa, Mama, Grandmother, Felipe – my brother, Aunt Emilia ... and my little dog Christie." These first photos were made by pure intuition using her father's Bakelite camera which "seemed more like a radio than a camera".

This well-to-do girl born in the heart of Barcelona's Ensanche district on 24 August 1940 studied with nuns. "Thanks to the exemplary education I received, I am a convinced and happy agnostic today." Colita spent 13 years at school with only one mark for good behaviour. She survived the "barracks-type" discipline in its "refined upper-class version" thanks to her good humour and laughter. "I had a happy childhood." Her father, an engineer who worked with the Barcelona City Council, was an erudite Catalan with a liberal attitude who "detested Franco both for ideology and aesthetics." Her mother, from La Laguna in the Canary Islands, infected her with her gaiety, singing *cuplés* by Conchita Piquer. She had only one brother, Felipe, who left the destiny his father had prepared for him in engineering to become a croupier. Colita was supposed to have studied pharmacy, but upon completing secondary school – "in humanities of course" – she decided to attend secretarial school, which for most female students was only a "way station, because marriage was their natural destiny." As she had no plans to marry, her father had her work for him as a secretary once she finished her studies. "A disaster. They began to be fed up with me logically." And she convinced them to let her study French in Paris, where she spent an entire school year at the Sorbonne with the excuse of pondering her future. However at the end of a year she returned to Barcelona, restless and unsatisfied, feeling that "everyone, absolutely everyone, considered photography to be a sovereign stupidity, and that it was useless." Even so, Colita was the portrait photographer chosen by her friends when they got married. Today she still asks herself how it was possible that her friends, who were also well-to-do, did not commission Ramón Batlles or Gallart to do their portraits and confided their images to her. The reason is that there was a touch of bohemia and existentialism in Colita's portraits and in the settings she selected that those girls would never have found in any professional photographer of the Barcelona bourgeoisie. And the truth was that that girl, whose photographs always came out well, was learning a lot next to Oriol Maspons and Julio Ubiña in their photo sessions and evenings together at the Ca La Mariona restaurant, together with Catalá-Roca, Xavier Miserachs, Paco Rebés and Beatriz de Moura: "an island of freedom in the dirty, depressing and grey Spain of the nineteen sixties." Colita, even though much younger, fit in perfectly with that "gang that happily scraped by on culture and unusual professions such as photography. Talk was of politics, sex, literature, jazz, London, Paris, hope and freedom."

She realised at that point that the camera could be her profession and how much her brain had been half starved until then: "I learned why I detested the priests, nuns, and their unbelievable fantasies. I learned why Franco repelled me with his cruel and sordid power over our lives." Those people didn't think photography was crazy. "It was an accelerated course. The most rewarding one in my life. If I have been really smart in something, it has been in knowing how to choose my friends."

Colita, who already owned a real camera, a second-hand Pentax with a 50 mm lens, became Xavier Miserachs's secretary. He had just installed his studio in the David house on Calle Tuset.

In one of his books, Miserachs recalls how within a short time Colita gained the experience needed to become a professional. "She was a secretary-stylist-do it all person; she recruited and dressed models and lent a hand in the laboratory. One day she would make invoices and the next she was able to put the live cow we required for an advertisement into the studio. In my absence she dealt marvellously with clients ... and every night she organised a flamenco bash on the set." There she learned laboratory techniques directly from the boy who acted as an assistant: Serafín. She enjoyed forcing development of negatives to obtain a strong grain. "A botch-up," she says now. One day she quit. "I was really shocked," explains Miserachs, "the day she announced to me that she was leaving work, that she felt capable of continuing as a photographer on her own. 'I'm leaving because I no longer admire you', she said. And it seemed to me that it was a resignation formula that deserved to be included in an anthology." Colita, however, does not remember these words of parting. "I left for the same reason that all my assistants have left me, one by one, for more than 30 years. Because once they have learned, they have to leave the nest like chicks do and go out on their own. Xavier's studio was squashing me like a girdle and I wanted to make my own photos for better or worse."

So she informed her father that her future in photography was now clear. Despite being upset, her father let her outfit a laundry area on the house's roof terrace "with the secret hope that I would eventually become bored and return to the warmth of home begging on my knees to go to the university." The lot's clotheslines filled up with photographic prints hung among the neighbours' wash. It seemed that the girl's whimsy was serious. "That Christmas instead of asking the Three Kings for a cashmere set from Gonzalo Comella, I asked for an enamelling device and a 135 mm lens for my Pentax. Then they understood that they had definitively lost the battle." Colita was happy in those difficult times that she does not renounce. "Creative, entertaining times, times of merrymaking and empathy, of going wild and of imagination, glamour, foolish sensuality, the joy of living and living joyfully."

She was a lucky girl. She hadn't been born feet first by chance. Her friend Paco Rebés – "Paco the snake charmer, Paco the hypnotist, Paco the magician, the rascal, the dream merchant. The champion pig in the search for truffles ... a true expert in detecting everything that was unusual" – was in charge of looking for locations and casting for the Rovira-Beleta film *Los Tarantos,* a kind of flamenco musical shot with real gypsies. Colita accompanied Rebés to locate extras, photographing the settings and characters she encountered along the way. There she discovered flamenco, as Permanyer explains, "not on a perfumed stage, but in its element: first in the *barraquismo* spread around Montjuic and then in the Somorrostro. That was how she discovered it was her world. Not in vain she was what could have be termed very 'flamenca' at the time."

Colita was not in charge of the film's stills because a professional had already been employed to make them. But her photos taken on the sets and in the privacy of rest periods, with the trust created by the friendship that had grown between the gypsies and the photographer, were liked more than those of the official photographer. "My first client was Carmen Amaya. I'm still not sure why she bought my work: whether she was sorry for me or really interested in the portraits I brought to her. That is how, photo by photo, I gathered together the book *Luces y sombras del flamenco* for Lumen." Photographic work on flamenco has been a constant feature of her career and still is although she is certain that she will never be able to find in another flamenco dancer the "grace, passion, talent and ecstasy" that Carmen Amaya showed her.

Flamenco took her to Madrid where she settled for two years to make promotional photographs for Antonio Gades and La Chunga. She soon tired of the "capital city" however. "A Barcelonan finds it very difficult to adapt to a city without the sea. I tried it and fortunately failed totally. If I'm not in the part of the world that belongs to me, that is mine, I suffer from withdrawal symptoms. Therefore I don't consent to any sacrifices on the altar of fame or money." And so she returned to Barcelona and recovered her friends and environment. She began to work for *Fotogramas* magazine and became friends with the directors of the School of Barcelona – Sinto Esteva, Vicente Aranda, Jaime Camino, etc. – making the stills for their films. Her professional life began to shape up around what she calls "the frivolous side". Her next step was to create record jackets for the Edigsa record company that at the time was launching the *La Nova Cançó* project. Colita was not only the photographer of Serrat, La Trinca, Guillermina Mota, Núria Feliu, etc; she was also responsible for the styling that turned them into stars and sex symbols.

With the gallery of portraits of friends she put together – poets, models, photographers, painters, architects, musicians, actors and actresses, editors and writers – she held an exhibition titled *La Gauche Divine* at the Sala Aixelpa. "The exhibition was like an inventory. It was an unmasking: here we are. Among other portraits of suspicious, left-wing people, there were three people wanted by the police: Pere Ignasi Fages, Sinto Esteva and Pere Portabella. It was the shortest exhibition of my life. We inaugurated it and the police closed it the following day. I don't know what the police thought they were going to find in that hall ... there was only glamour and laughter. Nothing of Lenin or Marx's left. But no matter how dense they were, they knew that *gauche* meant left and that was enough." The air Colita portrayed had nothing to do with the usual anti-Franco elements with long hair and sinister gazes, sacrificed to a clandestinity ruled by strict party rules and the observance of an almost religious morality. Colita's friends in Barcelona fought within their own personal biographies to free customs ranging from clothing to sex life, with a voracious thirst for culture. The headquarters of that *Gauche Divine* was in the Bocaccio discotheque. Who would suspect that among go go girls and whiskies the Montserrat sit-in was being planned? If their gaiety had any merit it was because it was based on the top quality professional work they each carried out. They met by chance in dinners and inaugurations and exchanged viewpoints based on the various disciplines in which they worked. No one was unaware of the other's concerns. "We were young, handsome people with energy, a sense of humour and, as was later shown, talent. Each of us worked conscientiously on his or her own thing with a great desire to learn. Culture interested us. Culture was sexy."

Those were the last years of Franco's regime and Colita had reached her creative and professional plenitude and was politically committed to feminism. She touched all genres including work for the daily press –*Tele-eXpres*, *Mundo Diario*, etc. – and most of the magazines, from *Destino* to *Interviú* and including *Cuadernos para el diálogo*. «For me working for the daily press was a way of being in the centre of news during the fascinating era of the transition to democracy." Work for *Interviú* during its first period was very stimulating. It was investigative journalism in which photography had a lot to say. The editor and photographer worked hand in hand, and image and text were equally important. It published great reportage by the country's best photographers. After the Vinader case, the company forced a change in the magazine's executive staff. They replaced it with more docile directors who encouraged a style of reporting that was hard-hitting in appearance but sensationalist within. "I finally left *Interviú* because I was fed up with only photographing travesties and whores on the Rambla. I lost all interest." If her reporting facet, which was always concise, correct and courageous, is not represented more often in this anthology, it is not due to a lack of insistence. But my intention to present a versatile Colita capable of addressing all image genres clashed directly with her clear ideas: "Too documentary", or "It doesn't say anything" or "Extremely boring". Or simply "That's not me." She wants to see herself in all her photographs. "The act of choosing the moment to be captured is totally an act of authority."

Her idea always was to support herself with photography. "Of course clients pressure and condition you and force you to work along the borders of vulgarity, but I was never made to be a heroine. I see photos by Cristina García Rodero. She was able to go from here to there on dirty trains, sleeping in buses to arrive in godforsaken places and make her photos. For many years she was ignored, but time has finally proved her right. I would have been incapable of so many sacrifices for photography. I want to live well, without luxuries but well. Unfortunately few clients offer you a creative challenge. Sometimes there is no challenge at all. For example I have had to work on the Àmbit metropolità de Barcelona (Urban Region of Barcelona) several times. At the beginning, I had to decide what it was and where I found myself. I had to build an identity for a totally grey place lacking appeal. That is a challenge for a photographer. When you have *it* (what we call being photogenic), it's easy to carry on. But when you are forced to do something that doesn't "turn you on", you have to begin by understanding it, by exploring it ..."

Colita shows me her published books one by one. She begins with *Una tumba* (Lumen, 1971), her first published work, and *Los Cementerios de Barcelona* (Edhasa, 1981), made in collaboration with Pilar Aymerich. Carme Riera's text in the latter book begins by saying that in the West the death taboo replaces the sex taboo and that these photographs, more than cataloguing or taking an inventory of Barcelona's cemeteries, look for ironic motifs in the encounter between life and death. Colita shows a new facet in these melancholy, crepuscular photographs. She considers in wonder the love of art that existed in her works as a beginner, made due to a passionate interest or just because. Afterward things changed and Colita's first move was to put a price on her photographs in order to be able to earn a living with her work, fighting for professional projects even when the subjects that interested her most did not appear. "I always wanted to receive a commission dealing with the devotion to the Virgin Mary in Spain. It would have made me happy. It's a subject that evokes a lot of morbid fascination: virginity, maternity, female divinity ... one that if I'm not careful is going to disappear in a few years. But how could I get involved in such a project? Should I stop earning an income for two years to produce it, spending money on transport, accommodations and material? Who would finance such a work in Spain and cover all expenses? Unfortunately, that type of client doesn't exist here. Commissions are more conventional. Editors want to show the postcard part of reality to satisfy the spectator."

Colita's professional vocation linked her to the AFAL generation because by age she could well have chosen to be one of the *Nueva Lente* group. "The *Nueva Lente* people had fun at the expense of others. We however found amusement in our own work. I collaborated with them on a few occasions. Once they asked for my *Gauche Divine* photographs, which I sent them (back then, we usually never denied anything to anyone; we all collaborated with each other totally naturally ...). Afterward, when I saw what they had published I was furious: they had stuck my photographs on the walls and floor of a bathroom, in the bathtub and the bidet, and then photographed them. I couldn't believe what I was seeing when I received the magazine. I called them immediately. Are you crazy? What have you done with my photos? And they said that they had published them in line with their own taste and with my permission. A lack of respect."

One of the professional works in her career that she likes most is *Els Barcelonins* (Edicions 62, 1988), also with photographs by Miserachs and Maspons. It is difficult to tell which photographer has made each shot. The distribution of territory is what identifies Colita's photographs to her. The cult to Barcelona reached its peak with *Barcelona. Quinze dies d'euforia* (Àmbit, 1992), also made in collaboration with her friends. It represents the union, fraternity, happiness and optimism caused by the collective catharsis of the 1992 Olympics: splendid women, pets, friends walking along the Rambla, the coming and going of athletes, the mixed cosmopolitan face of the crowds in stadium grandstands and along the avenues. When glancing through the book she is moved by several pages and coincides with Permanyer's words: "It will never be repeated."

Finally, she shows me four ringed portfolios. She says, "And with this I am even showing you my underwear. There is nothing left to show. This is my life." She begins to turn the pages and they are all shots of her studio as well as some photographs in which she appears with friends. The characters are varied; some of them portrayed in several stages of their lives: Terenci Moix with long hair and bags under his eyes, the total existentialist's face; Terenci later on with a hair implant and a belly. There are models from the nineteen seventies, thin and beautiful, politicians from all parties, famous and less famous actors before and after their face lifts and a close-up of Orson Welles. "Yes, my curriculum says: Orson Welles devoted ten minutes of his life exclusively to me. I have ten minutes of Welles, ten of Vargas Llosa, ten of Jerry Lewis, a half hour of García Márquez, a similar amount of Miró ..."

We finish the conversation visiting the lower part of the house. Her dogs (which have surrounded her all day because the garden is being fumigated and she won't let them out) jump against her legs and she protests energetically. We look at the house's rear garden: a fig tree, a well, a table covered with oilcloth, ample planters filled with large-leafed plants, a space that only lacks a blue stripe on the horizon to shout out "Mediterranean". A young woman, as strong as a Valkyrie and dark red dyed hair prepares a coffee for us. She is Gemma Buenaventura, Colita's assistant, who a few minutes earlier had been looking for a negative among the orderly file boxes. She carries two cups on a tray and shows Colita which is hers, with milk. "Amazing," says Colita. "They are your foibles, so you won't object," says Gemma. "I don't recognise myself," Colita practically whispers in my ear.

Vilanova i la Geltrú, 2010

PHoto**Bolsillo**

Director de la Biblioteca PHotoBolsillo / Series Editor
Chema Conesa

Diseño original / Original Design
Fernando Gutiérrez

Coordinación / Coordination
Doménico Chiappe

Producción / Production
Paloma Castellanos

Fotomecánica / Photomecanics
Cromotex

Impresión / Printer
Brizzolis

Verónica, 13
28014 Madrid
Tel.: 34 91 360 1320
Fax: 34 91 360 1322
e-mail: edicion@lafabrica.com
www.lafabricaeditorial.com

ISBN
978-84-92841-20-2

Depósito legal
M-8234-2010

Impreso en España / Printed in Spain

Una coedición entre / A Coedition Between

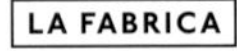

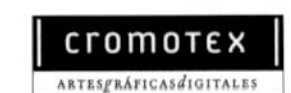

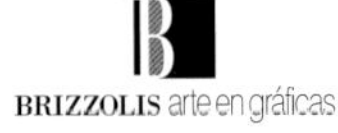

Biblioteca PHotoBolsillo

Títulos publicados / Already Published

01. Xavier Miserachs
02. Nicolás Muller
03. Humberto Rivas
04. Rick Dávila
05. Koldo Chamorro
06. Francesc Cátala-Roca
07. Carlos Pérez Siquier
08. Luis Pérez-Mínguez
09. Gabriel Cualladó
10. Javier Vallhonrat
11. Miguel Trillo
12. Pilar Pequeño
13. César Lucas
14. Fernando Gordillo
15. Agustí Centelles
16. Luis Bailón
17. Isabel Muñoz
18. José María Díaz-Maroto
19. Cristóbal Hara
20. Antonio Tabernero
21. Alberto García-Alix
22. Pablo Genovés
23. Clemente Bernad
24. Carlos Serrano
25. Ramón Masats
26. Óscar Molina
27. Cristina García Rodero
28. Pablo Pérez-Mínguez
29. Joan Fontcuberta
30. Navia
31. Ricard Terré
32. Fernando Herráez
33. Oriol Maspons
34. José Ignacio Lobo Altuna
35. Xurxo Lobato
36. Genín Andrada
37. Valentín Vallhonrat
38. Vari Caramés
39. Juan Manuel Díaz Burgos
40. Ferran Freixa
41. José Antonio Carrera
42. Manuel Vilariño
43. Kim Manresa
44. Rafael Navarro
45. Toni Catany
46. Luis Escobar
47. Marta Sentís
48. Chema Madoz
49. Ciuco Gutiérrez
50. Alberto Schommer
51. Ouka Leele
52. Manel Esclusa
53. Laura Torrado
54. Ángel Marcos
55. Ortiz Echagüe
56. Francisco Ontañón
57. Carlos Saura
58. Alfonso
59. Juan Manuel Castro Prieto
60. Pep Bonet
61. Juantxu Rodríguez
62. Paco Gómez
63. Virxilio Vieitez
64. Gonzalo Juanes
65. Rosa Muñoz
66. Leopoldo Pomés
67. José Ramón Bas
68. David Jiménez
69. Leonardo Cantero
70. Jordi Socías
71. Colita

Próximo volumen / To Be Published

72. Alfredo Cáliz

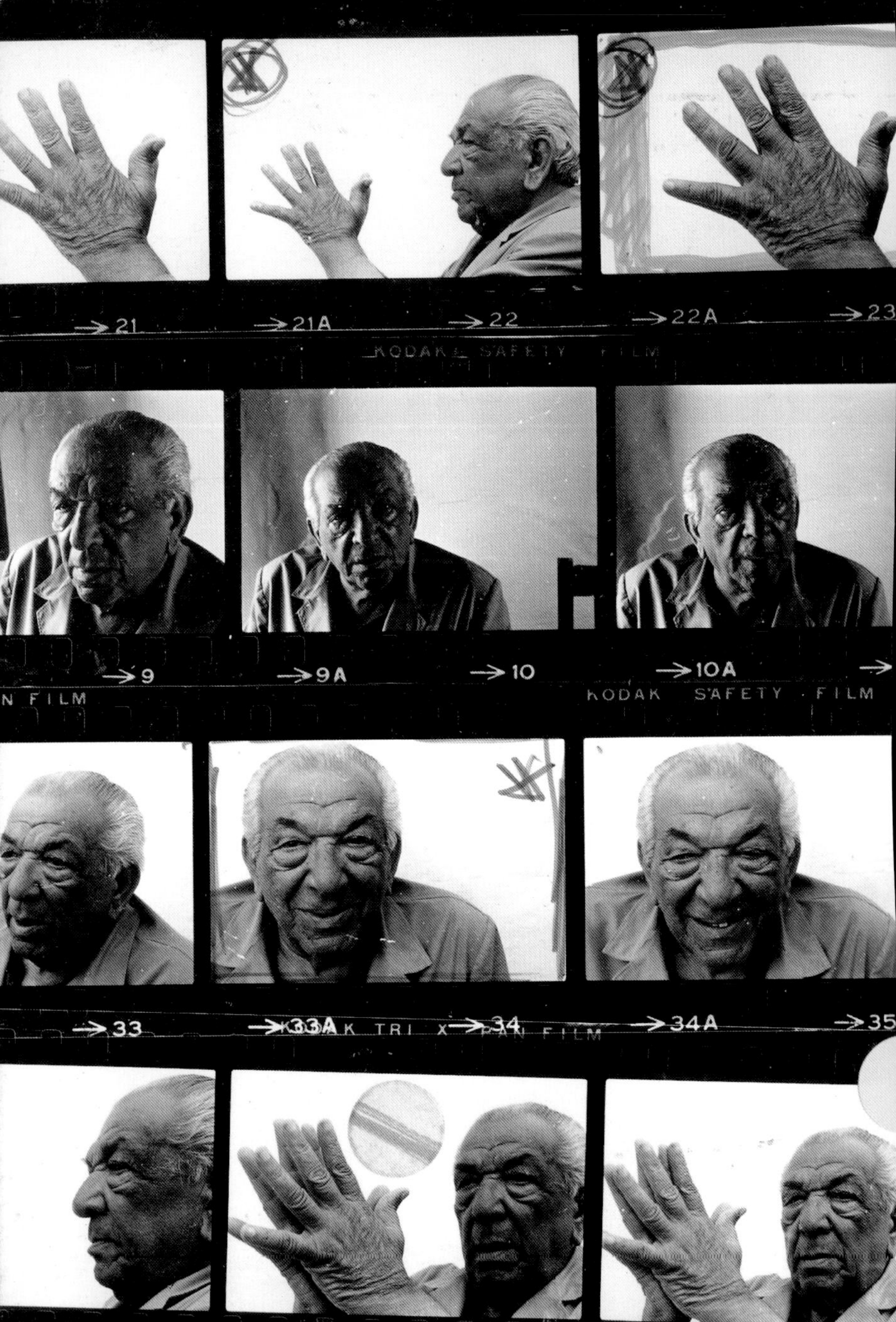

21
21A
22
22A
23
KODAK SAFETY FILM
9
9A
10
10A
N FILM
KODAK SAFETY FILM
33
33A
KODAK TRI X PAN FILM
34
34A
35